M É X I C O　2 0 1 8 - 1 9

メキシコ2018～19年

新自由主義体制の変革に挑む政権の成立

国本伊代

kunimoto iyo

新評論

はじめに

本書は、２０１８年７月１日の総選挙で圧勝したメキシコ大統領アンドレス＝マヌエル・ロペス＝オブラドール（以下アムロ）の選挙運動から政権１年目の「変革の政治」の取り組みまでを追った、この国の近現代史を専攻する著者の観察記録である。しかし本書には、別のテーマもある。

それは、「天然資源にも人的資源にも相対的に恵まれたメキシコが、なぜ国民が安心して豊かに暮らせる近代国家になれないのか」という関心事である。この問いは、古くて新しい。メキシコはいつの時代においても貧富の格差の大きな社会であり、権力者とその仲間の特権層の汚職と腐敗、それを監視する制度の脆弱性と機能不全、そしてそれを容認する政治的・経済的・社会的・文化的構造が、根深く常に存在してきた。しかし他方で、国民の愛国心は強く、多くの国民が幸福を感じながら暮らしている。さらに国連主導の社会改革への取り組みでは優等生である。２０１９年現在の議会はほぼ男女同数であり、同じく国連主導の多民族・多文化社会の建設に向けた努力においても際立っている。このような多面性を有するメキシコという国に関心を持つ読者、あるいはさまざまな分野でメキシコと関わっている読者と「メキシコ理解」を共有できれば幸いである。

本書が一般読者に読まれることを前提とし、参照した文献や資料の煩雑な表示は簡略化してあることをご了解いただきたい。ただし、本書の骨子に関わるいくつかの著作と統計資料などは巻末の「参考・参照文献」に載せた。インターネット上で閲覧した比較的容易に検索できる資料については、作成元である組織・機関の代表URLを記すに留めた。

最後に、本書の完成は新評論の編集者吉住亜矢さんの激励に負うところが大きく、心から感謝を申し上げたい。また家を出て独立した次女の部屋を筆者の「メキシコの書斎」として提供してくれ、複雑な事象の解説をしてくれた友人グローリアとそのパートナーのルイス、および筆者が日本にいる間はメキシコ現地からさまざまなニュースを転送してくれる25年来の友人松本美里さんに謝意を伝えたい。

2020年5月　東京にて

国本伊代

メキシコ2018～19年❖目次

※本文中の「*」印は、巻末の参考・参照文献リストに載せてあることを示している。

※クレジット表記のない写真はすべて筆者撮影による。

※各部扉の写真は、ディエゴ・リベラが描いたアステカ帝国の都テノチティトランの光景とスペイン人による征服をテーマとする、国立宮殿の壁画の一部。

メキシコ合州国（Estados Unidos Mexicanos）全図

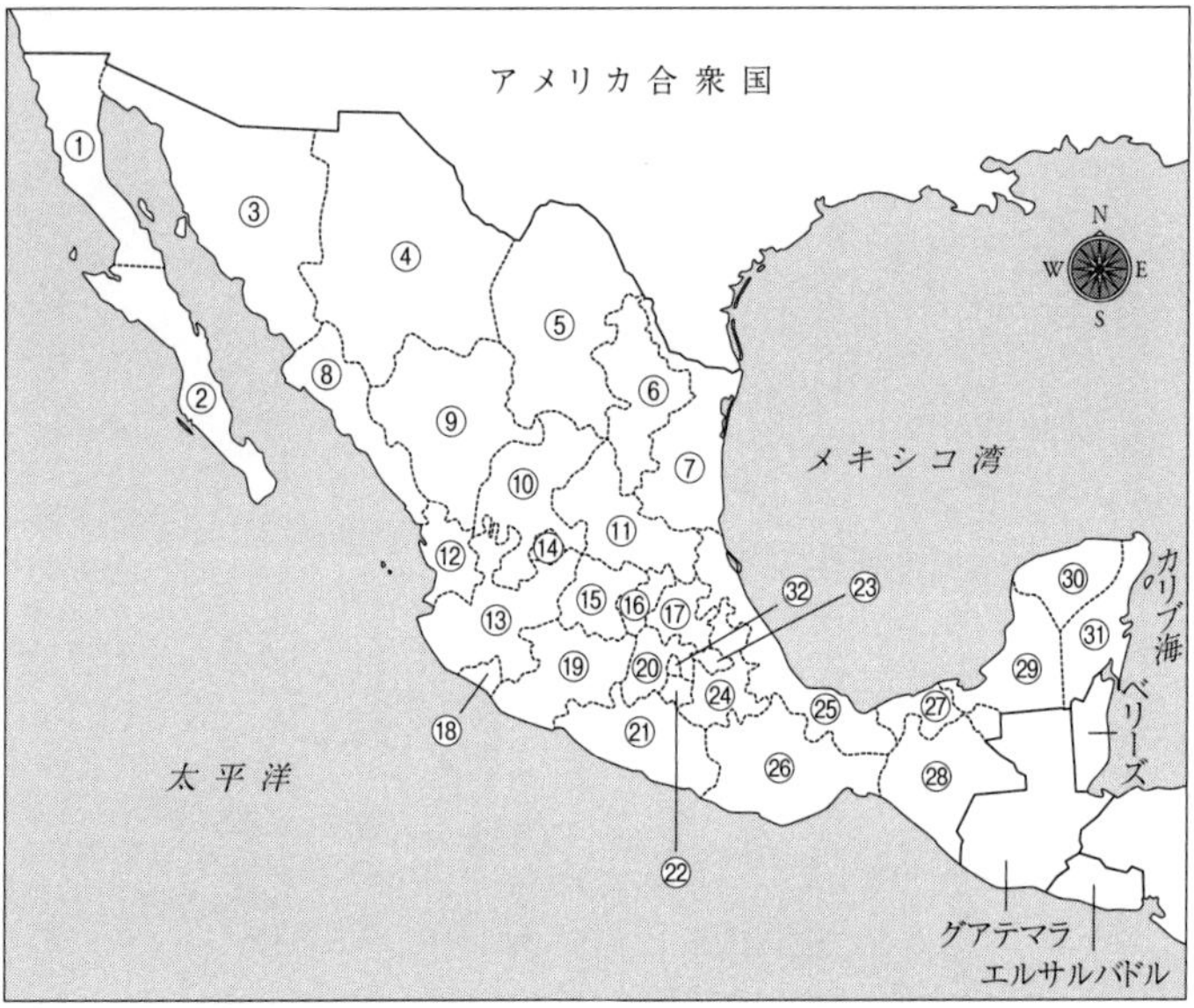

①バハカリフォルニア州
②南カリフォルニア州
③ソノラ州
④チワワ州
⑤コアウイラ州
⑥ヌエボレオン州
⑦タマウリパス州
⑧シナロア州
⑨ドゥランゴ州
⑩サカテカス州
⑪サンルイスポトシ州
⑫ナヤリ州
⑬ハリスコ州
⑭アグアスカリエンテス州
⑮グアナフアト州
⑯ケレタロ州
⑰イダルゴ州
⑱コリマ州
⑲ミチョアカン州
⑳メキシコ州
㉑ゲレロ州
㉒モレロス州
㉓トラスカラ州
㉔プエブラ州
㉕ベラクルス州
㉖オアハカ州
㉗タバスコ州
㉘チアパス州
㉙カンペチェ州
㉚ユカタン州
㉛キンタナロー州
㉜メキシコ市（CDMX）

Ⅰ部　「未来の大国」の光と影

1章　21世紀の「大国メキシコ」の豊かさ

メキシコは20世紀後半から「未来の大国」と言われ続け、1994年に「先進国クラブ」の別名をもつ経済協力開発機構（OECD）の加盟国となって、先進国の仲間入りをした。しかし一方で「脆弱《ぜいじやく》国家」とか「破綻国家」とも呼ばれ、深刻な政治・経済・社会問題を抱え続けている。

2018年12月1日、アンドレス＝マヌエル・ロペス＝オブラドール（以下、頭文字を取ってアムロと略す）は、「豊かな資源をもちながら貧しいままのメキシコ」の変革を誓約して大統領に就任した。アムロの指摘通り、地下資源に恵まれたメキシコは長年にわたって「未来の大国」と言われながら、2018年時点でも国民の6割が貧困層とされ、貧富の格差拡大・治安の悪化・汚職の蔓延などが深刻な状態のままで進行中である。

しかしメキシコは豊かな国になれる潜在力を持っている。世界13位の広大な国土は日本の5倍強、人口は1億2619万人（2018年時点で世界11位）で、日本（1億2720万人）と拮抗する。一方、日本が2010年から人口減少に転じているのに対して、メキシコは微増ながら安定的に増加している。国民の教育水準も決して低くはなく、国民は全般的に教育熱心である。とくに女性の教育水準は20世紀末には男性のそれを上回り、それに伴い女性の社会進出が際立つようになった。議会に占める女性の割合も２０１８年の選挙で48％を占めて世界１９０カ国中第4位（２０１９年1月時点）となり、日本の13％（１４１位）を大きく引き離している。

総合的にみると、メキシコ経済の発展の可能性は非常に高い。現在では食糧の輸入国に陥り、貧農が出稼ぎ労働者となって放棄した農地が荒地となっている。標高５０００メートル級の高山が7つあり、山岳地帯が国土の6割を占めるとはいえ、国連食糧農業機関（ＦＡＯ）の２０１7年の統計によると、牧草地を含めた耕地面積は国土の約14％、これは日本のそれの約7倍にあたる。温帯から亜熱帯にわたる多様な気候風土に点在する生産可能な土地の有効な農業開発によって、メキシコが農産物の自給国へ、さらには輸出国へと転じる可能性は大きい。ただし自然災害は大きな懸念材料である。環太平洋火山帯が海岸線に沿って南北に走っているため地震が多く、またカリブ海と太平洋の両側から襲来するハリケーンや台風は例年大きな被害を及ぼす。国土北部の大半を占める半砂漠地帯の干ばつも、地球温暖化に伴い過酷さを増している。

農業再生の取り組みがアムロ政権の下で始まった。１９９4年の北米自由貿易協定（ＮＡＦＴＡ）発効以来、米国とカナダからの輸入が増え続け、メキシコの食糧自給率は低下の一途を辿り、いまや伝統的な主食のトウモロコシを含め、農産物の8割強を輸入する状態に陥っている。困窮した農民たちは都市部や米国へ出稼ぎに行かざるを得ず、多くの耕地が放棄され荒廃している。そこでアムロ政権は「種を蒔《ま》こう」と命名し、大規模な耕地再生プロジェクトに取り組み始めた。放棄された耕地で伝統的な農作物の栽培を促進する取り組みである。メキシコの年間降水量は国全体でみると相対的に少なくないが、水不足に悩まされる地域も広大である。しかし河川や湖沼など遍在する水資源をうまく活用する仕組みを構築できれば、変化に富む地形や気候条件を活かし、多様な作物の栽培が可能となる。「種を蒔こう」プロジェクトは、こうした視点に基づき、国内の農業生産を大規模に再編成しようとする長期改革計画でもある。

　地下資源の豊かさもメキシコの強みである。その代表格は何と言ってもまず貴金属の銀である。16世紀から19世紀初期まで続いたスペイン植民地時代にメキシコの銀山で採掘された銀は世界の産出量の半分を占め、21世紀の現在でも世界第1位の生産量（世界の生産量の22％）を保持している。金の生産量も世界9位を誇る。ベースメタルでは、鉛（5位）、亜鉛（6位）、銅（7位、推定埋蔵量3位）、石炭（8位）、鉄鉱石（11位）なども世界有数の産出量となっている。希少金属でも、モリブデン（合金鋼の添加剤などに用いられる：5位）やマンガン（12位）などのほかに、産出する鉱物資源の数では世界のトップ10に入る（2017年の統計*）。

　20世紀初頭からのメキシコ経済を支えてきた最大の地下資源である石油も、2017年の生産量は世界11位であった。メキシコでは20世紀初頭に英米の資本による石油開発が始まり、1917年の革命憲法で外資による地下資源の開発が禁止され、38年に石油産業が国有化されたという歴史がある。現在では開発の一部が外資に開放されているとはいえ、いまだ石油資源の開発と生産の主力は国営企業のメキシコ石油公社（ＰＥＭＥＸ）が担っている。かつては石油資源の売上が連邦政府の財政の4割から6割を賄った時期もあった。しかし過去20年のデータでは歳入の10％前後を占めるに過ぎない。その背景には、油田の枯渇、新たに深海油田を開発するための資本と技術の欠如など、ＰＥＭＥＸが深刻な経営問題を抱えているからだ。技術開発と経営の近代化の遅れによって生産した原油の一部しか国内で精製できず、多くを米国に輸出して精製されたガソリンを輸入しているのが現状である。現政権は２０２４年までに原油の国内精製体制を確立することを公約している。シェールガスの埋蔵量も確認されており、エネルギー開発の余地はまだある。

「豊かな資源」はほかにもある。多様な気候風土からなる恵まれた自然と景観、歴史・文化の無形遺産などの観光資源も非常に豊かである。太平洋とカリブ海に面した長い海岸線は常夏の気候と白い砂浜に恵まれ、大規模な観光開発によって世界有数の海浜リゾート地が数多く存在する。なかでも１９７０年代に開発されたユカタン半島のカンクンは、外国人観光客だけでなく国内の家族連れにも人気のカリブ海リゾート地である。ユカタン半島にはまた、世界遺産チチェン・イツァーやウシュマルをはじめ、古代マヤ文明の遺跡群が数多く残る。半島南西部の熱帯雨林には、いまもマヤ系先住民が現代メキシコ社会とは異質の伝統的な生活を続けており、これも観光客を惹きつける要素となっている。メキシコには２０１９年時点でユネスコ（国連教育科学文化機関）に登録され

ユカタン半島のカリブ海に面した海浜リゾート地カンクンの白浜

た世界遺産が35件あり、数で世界7位につけている（1位は55件のイタリアと中国、日本は23件で12位）。これらの観光地には年間4千万人近い外国人観光客が訪れ、インバウンドビジネスはメキシコの基幹産業の1つとなっている。

世界遺産のなかでは、メキシコが主権国家となるまでに歩んできた苦難の歴史もまた貴重な観光資源である。スペイン人エルナン・コルテスによるアステカ帝国征服（1521年）から独立達成（1821年）までの300年間にわたり、メキシコはスペインの支配下に置かれ、植民地体制によって徹底的に富を収奪された。強制的に動員された先住民鉱山労働者が採掘した莫大な銀の大半はスペイン本国に送り出されたが、ユネスコの歴史遺産に登録されている絢爛豪華な礼拝堂や壮大な修道院などのカトリック教会関係の建造物および植民地時代の景観を残す中核都市もまた多くの観光客を惹きつけている。植民地時代に栄えた銀鉱の町グアナフアトやサカテカス、そして首都メキシコ市をはじめとする植民地時代の主要都市の中心部に設定された「歴史地区」は観光客を惹きつける重要な観光資源となっている。

アステカ帝国の首都テノチティトランを破壊して築かれた首都メキシコ市の中心部は、とりわけ征服の刻印を色濃く残す。市の中央広場に当たる現在の憲法広場（通称ソカロ）は、100メートル四方の正方形で、北側を占めるのは南北アメリカ大陸で最大規模のカトリック教会の首都大聖堂である。1573年の着工から現在の姿に至る1813年の完成までに要した250年の間に取り込まれたゴシック、バロック、チュリゲレスコ、ネオクラシックという多様な建築様式が混在する荘厳な建造物である。

広場の東側を占めるのは巨大な国立宮殿である。はじめ征服者コルテスの邸宅として1522に着工され、のちにヌエバ・エスパーニャ領（スペイン植民地）の統治者である副王の宮殿となり、1821年の独立以降は大統領府として使われた。84年に大統領府が市南西部のチャプルテペック城に移されたが、2018年12月1日以降再び大統領府となっている。広大な国立宮殿の中庭に面した階段と2階の壁に世界的壁画家ディエゴ・リベラが描いた「メキシコ歴史絵図」は今でも公開されている。広場の南側を占める同じく植民地時代の建造物であるメキシコ市庁舎では、その一部が現知事シェインバウムによって2018年に一般に公開され、見学できるようになった。これら

首都大聖堂

はいずれもメキシコの「負の遺産」そのものだが、植民地支配の史実を後世に伝えるうえで測り知れない価値を持っている。

メキシコはまた、国際貢献でも大国並みの存在感を有する。対外政策の基本原則を「国家主権の尊重・内政不干渉主義・国際紛争の平和的解決」に置き、国際協力分野の人材の輩出、最貧国への経済援助、難民・被災者への人道的支援活動などを積極的に行っている。とくに信教の自由が確立した19世紀後半からはユダヤ人をはじめとする迫害を受けた多くの外国人が移民として受け入れられ、定住した。その子孫たちが21世紀には社会のあらゆる分野で活躍している。紛争や貧困を理由とする中米諸国からの移民も長年にわたり多数受け入れてきた。

政治的亡命先としての経験も豊富だ。ロシア革命の立役者でありながら国を追われたトロツキーは、流浪の末最後にメキシコ市に落ち着いた。暗殺の現場となった居宅は現在トロツキー博物館として公開されている。スペイン内戦時代（1936～39年）には人民戦線の知識人を多数迎え入れた。ナチス・ドイツから逃れたユダヤ人、独裁者の迫害から逃れたラテンアメリカ諸国のリベラル派の多くを、メキシコは難民・亡命者として受け入れてきた。1959年に独裁者打倒に成功し、現在の社会主義国キューバをつくり上げた若き日のフィデルとラウル・カストロ兄弟がチェ・ゲバラらと革命前に潜んだのもメキシコである。直近では2019年10月にクーデターでボリビアを追われたエボ・モラレス大統領も亡命者として一時期滞在した。

メキシコは1994年から「先進国クラブ」OECDの加盟国である。現在の加盟37カ国中、メキシコは経済社会を測る指数では最下位のグループに属する。先進国・主要新興国から成るG20にも名を連ねているが、先進国からは大きく見劣りする。一方でそれを補って余りあるのが、国際舞台で活躍する人材の輩出である。ラテンアメリカ地域を「人類が定住する地球で最初の非核武装地域」としたトラテロルコ条約の成立に尽力して1982年にノーベル平和賞を受賞したアルフォンソ・ガルシア＝ロブレスはメキシコの職業外交官であった。他にも2006年にOECD事務総長に選出され、現在3期目のアンヘル・グリア（経済学者・政治家）など、優れた人材を輩出していることはメキシコ人の誇りである。これらの広義の意味での「資源」と「豊かさ」を大切に育み、活用することで、真の「大国」となることが期待される。

2章　「脆弱国家」とされるメキシコの姿

　前章で紹介したように、メキシコは相対的に資源に恵まれ、多様性豊かな広大な国土と多くの人口、すなわち大きな国内市場をもち、未来の大国という可能性を秘めた国という条件を満たしている。しかしこれまでのところ、それらは有効に活用されてこなかった。そしてグローバル化した21世紀の世界の中で、メキシコは時として「失敗国家」とか「脆弱国家」と呼ばれてきた。なぜそのように呼ばれるのだろうか。

　メキシコを「失敗国家」あるいは「脆弱国家」と位置づけたのは、米国のシンクタンクである平和基金会（ＦＦＰ）である。ＦＦＰは２００５年から13年までは「**失敗**国家」という語を使用してきたが、その後「**脆弱**国家」と用語を変えている。このＦＦＰのデータによって、「脆弱国家」とも呼ばれることのあるメキシコの現状をまず概観してみよう。

　国連をはじめとするさまざまな機関や研究所が提示する統計数値からみるかぎり、メキシコは決して世界の「後進国」ではない。それにもかかわらずメキシコが「脆弱国家」に分類されることがあるのは、危機的状況にある国内治安、貧富が極度に開いた格差社会、汚職の蔓延など、長年にわたって蓄積されてきた根深い問題によって、国家機能が不全状態とされるレベル近くにまで達しているとされるからであろう。その根拠はどのように試算されるのだろうか。

先に挙げた平和基金会が定義する「脆弱国家」の指標は、次のような多くの項目につけられた点数によって国際比較されている。政府の統治力、経済状況の悪化と貧困、人権・法の支配の有効性と公共サービスの提供、人口圧力や難民問題など、計12項目に各10ポイントをつけて総合点を出し、①持続可能国家、②安定国家、③要注意国家、④脆弱国家、⑤評価なしという5段階に分けられている（2018年版）。*0《ゼロ》から120ポイントまで、数値が高くなるほど脆弱国家に近づく。国際比較は2005年から継続して行われている。

2018年のデータによると、①持続可能国はオーストラリア、カナダ、ドイツなど数カ国に限られ、先進国である米国、日本、イギリス、フランスなどは②安定国家に位置づけられていた。メキシコはインドやトルコなどとともに③要注意国のグループに入り、アジア・アフリカの最貧国から成る④脆弱国家グループには分類されてはいない。しかし先に挙げた12の各項目別の指数では治安問題が飛びぬけて悪く、不満分子の存在・公共サービス・経済格差・人権尊重の法整備と実行力の項目でも問題ありとされ、メキシコは176カ国中92位であった。相対的にみるかぎり、メキシコは「脆弱国家」と判定される要因の多くを抱えていた。

具体的には、電力・水道・医療・通信網・交通・警察などの国民生活に欠かせないインフラの整備度の低さ、社会秩序の乱れ、法制度の不備、社会的モラルの欠如、凶悪犯罪が横行する治安の悪さと汚職の蔓延など、２０１０年代に入ってからのメキシコの状況はこれらの項目で破綻状態とさされている。とくに麻薬組織に絡む治安の悪化は２０１８年になっても悪化の一途を辿っており、麻薬組織に国家機能の一部が取り込まれつつある状態にある。

加えて、メキシコは伝統文化とさえ言われる「汚職と腐敗」が蔓延する国であり続けている。同時に、国家権力への国民の不信感は非常に強い。国家は国民のための組織であり、国民のための政治を行う組織であるという共通認識は、政治家にも国民にもないと言えるほど非常に希薄だ。国民は、国家権力を「自分たちを富の収奪の対象としか見ていない」と考えている。これは３００年間の植民地時代を通じて根づいたスペインの専制支配の下で培われたものとされ（V部参照）、長い植民地時代を経験したラテンアメリカ・アフリカ・中近東・アジアの国々に共通するものでもあろう。

それにしても、独立してから２００年近い歴史を有するメキシコで国民の間に定着している立法・行政・司法への不信が20世紀後半に独立したアジア・アフリカの新興独立国家並みの状態にあることを知ると、読者は驚くにちがいない。

ところで外国人が学ぶラテンアメリカ史の授業では、「Obedezco pero no cumplo」という有名な表現を必ず学ぶ。現在のメキシコの義務教育のメキシコ史の授業では学ばないとも言われるが、メキシコの歴史書を読むような人々は学んでいる。日本語に訳すなら、「面従腹背」といった意味合いになる。権力に対して一見従順に見える裏にある権力への徹底した不信を意味し、「うまく逃れる技を身に着けたものが勝ち」であるという伝統文化あるいは国民性が長いスペイン植民地時代を通じて形成されたと説明されている（V部参照）。この文言はラテンアメリカ史入門で習う第一歩でもあると言っても過言ではない。この言葉を2019年10月3日の大統領の定例記者会見の席で大統領自らが言及した時には、筆者は改めてこの伝統文化の根強さを考えさせられた。後述するが、アムロ大統領はメキシコ史に非常に精通している。

このメキシコ国民の権力への不信を客観的なデータとして数値化したものを紹介しよう。その1つは、世界各国の民主主義と報道の自由を監視するNGOフリーダム・ハウスが毎年公表する数値である。*国民に情報を提供すると同時に権力を監視する機能を果たす報道の自由を、「法的環境」、「政治的環境」、「経済的環境」という3つの視点から20以上の質問を設けて指数化し、報道の自由度を測ったものである。2017年のデータによると、ベスト10カ国はノルウェーをトップとする北欧およびヨーロッパ低地諸国が占め、メキシコは196カ国中138位であった。なお日本も先進国として決して誇れる状態ではない48位であった。

メキシコ国民の司法への信頼度もきわめて低い。経済協力開発機構（OECD）が行った「司法制度と裁判所を信頼するか」と尋ねたアンケート調査で、メキシコは2007年には37％が信頼すると答えたが、2016年には32％へと減少していた。メキシコ国民の3分の2が司法制度と裁判所を信頼していないという恒常的な状況は、犯罪の多発と国民のモラルの低下の中で司法が十分に機能していないことを示している。殺人を犯してもその99％は立件さえされないと言われるメキシコでは、警察も裁判所も国内秩序を守る役割をほぼ放棄した状態にあるとさえ言える。

別のデータは、後述する22章で紹介する世界銀行のデータにある「政治腐敗抑制度」というものである。腐敗には大小の汚職と高級官僚による国家権力の乱用も含まれる。２０１８年の数値によると、メキシコは２０９の国家・地域の中で１７０位であった。この世界銀行がまとめる数値は、マイナス２・５を最悪状態とし、プラス２・５を最良状態として示される。メキシコは１９９６年以来一度もプラスになったことはなく、最良の年でもマイナス０・１７（２００３年）であった。これは世界の最貧国か独裁者が権限を乱用する国家とほぼ同じレベルにあることを示している。

これらのデータの他に、国際ＮＧＯトランスペアレンシー・インターナショナルが公表する「腐敗度認識指数」というものもある。メキシコの腐敗と汚職についてはⅤ部で詳しく紹介する。

国民の権力に対する不信と汚職の他に、格差社会と貧困問題も、「脆弱国家キシコ」が直面する２０１０年代の深刻な問題である。国立統計地理院（ＩＮＥＧＩ）の２０１８年推定値によると、総人口の60％が貧困層に留まっている。* 貧困層のほとんどはインフォーマル経済部門の中で暮らし、国家財政の担い手になることはなく、むしろ医療・社会福祉・教育支援などの保護の対象であり、治安の悪化を生み出している組織犯罪に取り込まれる危険性の高い層でもある。

メキシコ市内の5月5日通りで物乞いをする母子（2019年）

このような現状の根幹にあるのは、少数者による権力の独占と民主化の遅れおよび民度の低さである。一党独裁体制であった71年間に及ぶ制度的革命党（PRI）時代（1929〜2000年）には、選挙の不正は堂々と行われ、体制内に組み込まれて恩恵を受けた国民の民主化への関心は鈍かった。後述する「無償でもらうことが当然であるという感覚」が現在でも社会に定着している。しかも学歴と職種で区分された、政治学で言う「組合国家形態」が残る社会では、正規雇用労働者は労働組合で守られているが、他方で組合労働者の利益を名目に政治権力から個人的利益を引き出す組合リーダーに盲目的に従ってきた。その結果、PRI体制のもとで行われた選挙はあからさまな票の買収選挙であっても、それなりの見返りを期待できる組織労働者はそれを受け入れてきた。そして権力とつながる労組リーダーたちはほぼ終身の長期権力者となり、権力の要請に従って組合員を動員し、その見返りに私腹を肥やしてきた。その代表的な例に、メキシコ石油公社（PEMEX）の歴代労組書記長から2010年代に腐敗の実態がメディアで暴露され、送検されて実刑判決を受けた全国教職員組合（SNTE）書記長まで数々ある。

このような形式的な民主制選挙で選ばれた政治家たちは、大統領から州知事、連邦議会・州議会・自治体評議会の議員に至るまで不正と汚職にまみれていた。1990年代から激化する麻薬犯罪組織の拡大に政治家と警察が裏で絡んでいる実態が明るみになっても、検察は立件せず、立件されたとしても司法は「証拠不十分」として安易に無罪の判決を下して、社会の法秩序を厳正に守る役割を果たしてこなかった。

さらに任命制か縁故関係で雇用される公務員のポストは上から下まで、ごく一部を除くと資質を問わず有力者の一族・友人・知人に分配されてきた。そして高級官僚や議会議員は驚くような高額な給与と諸手当を受けてきた。一期6年限りという再選絶対禁止を謳う憲法条項を遵守してきた大統領や州知事の任期最後の2年間は、「私服を肥やす期間」として国民の間で知られている。それだけではない。退任した元大統領が受け取ったのは高額な終身年金と生命保険・社会保険で、その他に身辺警護官から個人事務所の事務官など78〜425名の公務員が元大統領の身辺で働いてきた。公権力に集中するこのような富の配分の構図に一般国民が全く無知であったわけではないが、自分たちもわずかながら何らかの利益分配に与かっているという立場から黙認していた。誰もが沈黙を

メキシコ市内の教会入口で物乞いする老夫婦（2018年）

守り、実態を明るみにするのは命がけの取材を覚悟したメキシコ人記者か外国人特派員たちであった。

「脆弱国家」とされる要因には国家財政の脆弱さもある。まず長い間、連邦政府の歳入の半分以上を豊かな石油資源に依存してきたため、資源の枯渇によって国家財政を支えるＰＥＭＥＸからの歳入は、最高時の60％台から10％前後に落ち込んでいる。国民が税負担をする割合は相対的に低い。現在でも遺産相続税はない。所得税の最高税率は35％で、累進課税制になっているが、労働者の半分以上がインフォーマル経済部門で働き税金を払っていない。こうして１９８０年代に莫大な対外債務によって経済破綻を経験したことのあるメキシコは現在すでに国内総生産（ＧＤＰ）の０・７倍の負債を抱え、２０１９年10月に国際通貨基金（ＩＭＦ）から「財政の立て直しと消費税の大幅値上げの必要性」が勧告された。

3章　階層・格差社会と中間層の分解

21世紀のメキシコ社会の階層間格差は世界有数であると指摘されている。前章で紹介したメキシコの国立統計地理院（ＩＮＥＧＩ）によると、２０１０年代のメキシコ社会は貧困層50〜60％、中間層40％前後、上層１％前後である。社会階層の研究で定評のあるクレディ・スイス研究所は、上層１％、中間層17・１％、下層81・９％としている。* 後者は２０１５年の社会統計資料を使用したものである。これらの２つの推定値にかなりの開きがあることから分かるように、社会階層を線引きするのは難しい。

このほかに、格差社会の姿を数値で知ることのできる指標がある。いわゆる「ジニ係数」である。* ジニ係数は、完全な平等状態を0《ゼロ》とし、1に近づくにつれて不平等性が高まることを示す指数である。２０１９年に経済協力開発機構（ＯＥＣＤ）が発表したメキシコの可処分所得におけるジニ係数は０・４６で、所得再配分前の指数も０・４７であった（２０１６年）。「いつ騒乱が起こってもおかしくない」レベルである。ちなみに日本の数値は２０１５年のものだが、それぞれ同項目の指数は０・３４と０・５０であった。日本の場合には課税段階で再配分装置が効き、所得再配分後のジニ係数は0・30台まで下がる。所得再配分前の指数でメキシコより高い0・50前後にはフィンランド、イギリス、米国、日本、ドイツなどがあるが、いずれも可処分所得におけるジニ係数はメキシコの数値を大きく下回る。メキシコでは、そもそも労働者の60%がインフォーマル経済部門で働き税金を払っていないから税制上の再配分装置は機能せず、貧困層の救済措置も非常に限られている。これらの指数はメキシコの格差社会の実態を示している。

メキシコの階層間の格差は実に大きい。INEGIの統計資料に基づいて把握できる2018年のメキシコ社会は、日本の人口よりやや少ない1億2400万人の1%、124万人ほどが富裕層で、国民の60%が貧困層であった。富裕層には、フォーブス誌が毎年発表する「世界の大富豪ランキング」で2年連続1位になったことのあるカルロス・スリムのような超富裕層から億万長者のレベルまで、家族を含めた総人口の1%ほどの人々が庶民には想像もできない豪華な生活を送っている。自家用機を所有し、マイアミやニューヨークに別邸をもち、メキシコ市内にある豪邸は高さ3メートルを超える壁で囲まれて、外から見えるのは屋根や庭の高い樹木のみである。門には複数の警備員が24時間体制で待機している。男女の家事労働者や警備員を相当数雇用しなければ、この階層の人々の暮らしは成り立たない。

贅を尽くし、コスモポリタンな生活様式の中で暮らす高所得層が、中間層の人々と日常生活で接触する機会はあまりないであろう。子供の教育では、月謝が最低賃金の5～10倍、すなわち中卒か高校中退の店員の月給に相当する月謝が必要な私立学校を選択する。子供たちの学校への送り迎えは誘拐を避けるためにも運転手付きの車である。大学教育は選択する学部にもよるが、将来ビジネス界に進む場合はほぼ名門私立大学を選び、理工系や新興大学にない学科で学ぶことを希望する場合にはラテンアメリカ地域でも有数の名門校であるメキシコ国立自治大学（ＵＮＡＭ）を選び、運転免許証をとった子供たちは自分の車で通学する。その後、欧米の名門大学の大学院に進学するのが上層の中でもエリートコースである。ただし学部時代から欧米の大学を選ぶ場合も少くない。

典型的な例は、２０１８年の大統領選挙で制度的革命党（ＰＲＩ）の大統領候補となったホセ・アントニオ・ミードの経歴であろう。１９６９年生まれで、名門私立大学の１つであるメキシコ工科大学（ＩＴＥＳＭ）の経済学部を卒業した後、改めてＵＮＡＭ法学部で学び、その後米国のイェール大学で経済学博士号を取得し、帰国してテクノクラート（高級専門官僚）の経歴を積んだ。

総人口の１％ほどの上層階層と対照的なのが貧困層である。ＩＮＥＧＩの統計では国民の60％が暮らしていけるぎりぎりの生活をする下層に属する。しかしこの数値は、後述する中間層の場合と同様に幅が広い。奥地農山村や都市の貧民街あるいはホームレスなどの極貧層から、かろうじて子供を学校に通わせることのできる層までが含まれるので、１つのイメージで括るのは難しい。もっともＩＮＥＧＩの分類基準では貧困層には共通点がある。低所得であると同時に低学歴であることだ。貧困層のほとんどが小学校卒か中学校中退である。具体的な職業でみると、第一次産業で働く農民・漁民や都市部の清掃人・家事労働者・露店商人、職人などである。稼げる収入は最低賃銀の1〜2倍ほどで、米ドル換算で月に100〜200ドルほどである。なお最低賃金は毎年1月1日に政府が発表する。2019年の最低賃金は、国境地帯とその他の地域という2つに分けられ、前者が日給172・72ペソ（約9・5米ドル＝1050円）で後者は102・68ペソ（約5・6米ドル＝610円）であった。

ただし下層のインフォーマル経済部門で働く場合にはさまざまな稼ぎ方と暮らし方もあるので、食事もとれないほどの極貧状態にあるとは一概に言えない。屋台でタコスを1個たべても20円ほどで、路上で主要新聞を売るときの1部の売り上げの手数料で食べられるからだ。高齢者や体の不自由な者なら半日路上に座っていれば、食べることに困らない程度の支援を通行人から喜捨で受けられる。カトリック信仰の強い社会は貧しい人々にやさしい。

これらの最も恵まれない人々を含めたインフォーマル経済部門で働く場合、「セグロ・ポプラール」と呼ばれる国民健康保険に入れば公立病院で収入に応じた低料金で治療を受けられる。保険にも入らず収入がゼロであっても治療を拒否されることはないが、数日の順番待ちになるという。インフォーマル経済で働いている下層の人口規模は当然ながら公的統計数字でその実態を把握することは難しい。ただし電力は全国で100%普及しており、携帯電話（スマホ）の普及率が人口の85%台に達しているというINEGIのデータがあり、貧困層のイメージは多様だ。

日曜日，都心のアラメダ公園に集まる，明らかに中間層以下の若者たち（2019 年）

これらの貧困層の家庭に生まれると、例外はあっても、将来の社会的上昇はほとんど望めない。教育水準が低く、高等教育を受けて社会に出た者との間に能力の上で大きな差が生じるからだ。中等教育を中退して30代や40代に達した、十分な教育を受けられなかった者たちが、急速に進展する技術革新とグローバル化する社会で正規雇用の職業に就くことは不可能に近い。また、従来の基準で言えば、大学に進学しないまでも高校を卒業していれば努力次第でそれなりの職業に就けたはずであった若い世代の多くが、現在では正規就業の門を閉ざされつつある。

一方、無年金や最低賃金にも達しない収入しかない高齢者に対して、すでに２００７年から連邦政府の福祉年金が支給されていたが、２０１９年から最低賃金レベルに引き上げられた。しかし扶養してくれる家族がいない場合には極貧状態のままであろう。

中間層は、このような上層と下層の間に位置する人口の40％前後を占める層である。ＩＮＥＧＩの別の資料には、この中間層をさらに4段階に分けたものがある。しかしその区分の基準が細かすぎるため、以下では中間層を上位と下位の2つにまとめて２０１8年前後の姿を紹介しよう。

中間層を上下に2分する場合の重要な基準は、家計の収入額と世帯主の学歴である。例外はあるとしても、中間層上位は世帯主が大学卒業以上の学歴を有する。実生活では富裕層に近い贅沢な暮らしができる資産家も含まれるが、学歴による賃金格差が大きいメキシコ社会ではこの中間層上位の生活スタイルは比較的容易に想像できる。新車を購入することができ、子供を私立学校に通わせ、各種塾通いにお金をかけ、大学進学は当然のことと考えている。自宅を所有し、年に1度の海外旅行・頻繁な国内旅行による休暇の過ごし方と通いの家事労働者の雇用などが可能な経済水準を保っている。中間管理職レベル以上の官僚・大学の専任教員・企業の管理職・弁護士・医師などの各種専門職などがこの層に当たる。この階層の社会的地位を維持するには、親から遺産を相続した者か、夫婦ともに大学卒業以上の高学歴で、それぞれが安定した職業に就いている場合が一般的である。住み込みの家事労働者を雇用し、妻が専業主婦の場合もある。

一方、中間層下位に分類されるグループは、その多くは高卒か高等専門学校卒である。大企業の一般事務職、商店やレストランの管理職、義務教育課程の公立学校の教員、中級軍人や警官らが当てはまる。新車を購入するのは難しく、一般的に公共交通手段を使い、子供は公立学校で学ばせる。

しかし貧困層との差はかなり明確である。

メキシコは高度経済成長期の１９６０年代から70年代に、国民の過半数が中間層に達したとされていた。この時期の１９６０年代末から70年代前半の5年余をテキサス大学に留学していた筆者は、かなり頻繁にバスでメキシコ通いをしていた。知人となったメキシコの若い研究者や社会人の日常生活にみられた余裕は、貧しかった日本人留学生から見ると豊かさにあふれていた。筆者はメキシコ市内の都心部の、一人暮らし高齢者の狭いアパートの一室を借りていた。台所が使用できなかったため、ほとんど路上のタコス屋で食事をしていた。研究費を支給してくれるはずの国立図書館の手続きが遅れて生活難に陥ったとき、仕事を回してくれた大学図書館の日本語図書の整理という単純な作業に支払われたアルバイト代が高かったことが今でも忘れられない。

当時の大学関係者はほぼ中間層上位で、すでに車を所有していた。日本の公団住宅に似た高層団地がメキシコ市内に出現したのも60年代から70年代に集中しており、中間層の拡大が進展していた。筆者が下宿した古いアパートは、まだ整備が進んでいなかった現在の歴史地区内のドンセーレス通りに面した、植民地時代末期に建てられた汚い建物であったから、知り合った中間層のメキシコ人の生活は夢のようだった。

その後80年代はじめに、メキシコは莫大な対外債務の返済が不能な状態に陥った。世界銀行と国際通貨基金の指導で混合経済体制から新自由主義経済体制へと大きく舵を切り、辛うじて国家破産

旧紙幣　　新通貨ヌエボペソ（現在も流通）

1993年1月に切り換わった，ゼロ3つをとった新通貨にみる80年代のハイパーインフレの名残（出所：メキシコ中央銀行が1992年に配布した資料）

を免れた。この間にメキシコが経験したハイパーインフレと経済の混乱は「失われた10年」として歴史に記録されている。この時期に最も大きな影響を受けたのは、いわゆる恵まれた中間層であった。知人たちやその友人たちの中には、ローンを組んで購入したアパートをこの時期に手放した者が何人もいる。

その後、メキシコは1994年に「先進国クラブ」OECDのメンバー国となった。2017年の1人当たり実質国民所得から知るメキシコの経済水準は、OECD加盟国37カ国の1人当たり国内総生産（購買力平価）の平均値（3万4993ドル）を大幅に下回る1万5340ドルであったが、開発途上国へ政府開発援助を行う立場にあった。

4章　毎日を幸せに暮らすメキシコ人

１日平均１００人近い人々が殺害され、その95％以上が犯人逮捕に至らず、国民の60％が貧困生活を送るとされる２０１８～19年のメキシコが、世界有数の「国民が幸せを感じて暮らしている国」であると知ったら、読者の多くは驚くのではないだろうか。

「幸福感」を国際比較するという難しいテーマに取り組んだ資料がある。ここではそれらの中の２つのデータに基づいて、メキシコ人が幸福感に溢れて暮らしている姿を紹介しよう。その１つはメキシコ国立統計地理院（ＩＮＥＧＩ）が２０１８年に実施した調査*であり、もう１つは経済協力開発機構（ＯＥＣＤ）*がまとめたものである。両者とも政治・経済・社会に関するさまざまな統計を総合的に使って分析している。

まずＩＮＥＧＩの資料から「メキシコ人が感じる幸福感」を紹介しよう。ＩＮＥＧＩの統計では、その日の食物がないということはないとしても、必要なものを手に入れることが難しい「ぎりぎりの生活」をしている人口を貧困層と捉え、総人口の約60％がこの層に入るとしている。一方、２０１８年１月に実施された18歳以上の国民の「生活全般に関する満足度」に関するアンケート調査では、回答者のほぼ85％が自分の生活全般に満足していると答えた。32州（首都メキシコ市を州扱いする）のうち満足度が一番高いメキシコ市の90・９％から一番低い南部オアハカ州の74・９％まで幅があったが、メキシコ人の大多数は幸せを感じて毎日を過ごしていることになる。これらの数字はおそらく読者の多くにとって、筆者と同様に、違和感を感じるものに違いない。

過去半世紀近くにわたって筆者が観察してきたメキシコは、いつも「豊かな先進国メキシコ」と「貧しい発展途上国メキシコ」に明確に二分されていた。どのような視点で眺めるか、どちらの世界だけを見るかによって、メキシコは全く異なる国になってしまう。しかし過去30年以上にわたって社会を揺るがし、治安を悪化させてきた麻薬犯罪組織が絡む誘拐・殺人事件だけでなく、一般的な強盗・ゆすり・たかり・盗難などによる治安悪化が極限に達し、さまざまな統計資料で「戦争状態にない世界の国々の中で最も治安の悪い国の１つ」に挙げられた２０１８年のメキシコは、一般的に「国民が安心して幸福に暮らせる状態」であるとは考え難いであろう。

実際にメキシコでは、麻薬組織と関係のない殺人・誘拐・強盗事件も日常的に発生している。メキシコ市内で暮らすことが多い筆者にとって外出は苦痛である。夜間はまず出歩かない。昼間でもタクシーに乗ることは避ける。公共交通機関を利用するときは最も緊張する。人通りの少ない歩道を歩くときには、昼間でも周囲を確認しながら歩く。とくに背後には注意する。しかしＩＮＥＧＩの世論調査によると、このような状況の中でもメキシコ市で暮らす住民の90％が日常の生活の中で幸せを感じながら暮らしているという。

このINEGIの調査は、①人間関係、②仕事と活動、③住居、④健康、⑤人生における何らかの達成感、⑥将来への展望、⑦生活水準、⑧近隣関係、⑨自由時間、⑩居住する自治体、⑪国家、⑫治安という12項目について、その満足度を、非常に満足、満足、不満、非常に不満の4段階で尋ねている。①から⑧までの項目では、いずれも「満足」と「非常に満足」を合わせて85％以上が満足していた。逆に⑪の国家と⑫の治安の項目では、85％以上が「やや不満」か「不満」であった。

さらに興味深いのは、4段階に分けた年齢層別で18～29歳の若い世代の85％が現在の生活全般に満足しているということである。学歴別にみた場合、高学歴になるほど満足度が高く、大学・大学院卒業者の90％以上が満足していると回答している。しかし大学進学率は低く、さらに低い卒業率を考慮すると、若い世代の80％近くは高学歴層に当てはまらないであろう。したがってこの世代の大多数が十分な教育を受けていないことを考慮すると、この数字を額面通りに受けとめるのは難しい。さらにこの年齢層がいわゆる学校にも行かず、働くこともしない若者を意味する「ニィーニィー族」として社会問題となっていることを考えると、あらゆるアンケート調査を疑う筆者の友人たちに共感せざるを得ない。

人生に生きがいを感じ、仕事にも達成感を感じ、将来の展望を描けるメキシコ人とはどのような人々なのだろうか。労働人口の6割がインフォーマル経済部門で働き、何らの公的社会保障もなく暮らすメキシコ人たちは、本当に自分の暮らしを肯定的に受け止めて生活しているのだろうか？
また安定した家族生活の中で暮らす人々の方が、独身者・離婚者・未亡人・自由婚（同棲婚）などの暮らしをしている人々より幸福感が高く、家族の存在が暮らしの中で最も重要な要素となっていると分析されている。しかし現実には、核家族化が進む21世紀のメキシコにおける家族の姿は多様である。ここで扱われている家族は伝統的な家族であり、実態としては少数派であるように筆者には思える。

しかしメキシコ人の幸福度は、ほぼ同じ時期に行われた経済協力開発機構（ＯＥＣＤ）の調査でも高かった*。世界の１７３の国と地域を対象とした調査で、メキシコ人の幸福度は８・３（10ポイント満点）で、仕事・住居・達成感などではいずれも高い数値となっていた。メキシコにつけられた５ポイント以下の項目は治安と汚職などに関連する項目に限られ、メキシコ人の圧倒的多数は自分が暮らしている環境の中で、家族を中心とした親密な人間関係を保って「家族が第一」という言葉通りの暮らしをしていると想像できる。

ＯＥＣＤの調査における「幸福度」という質問項目では、10の設問が設けられていた。「何らかの事情で気分を害した時に冷静さを取り戻すのに努力が必要」という項目だけが４・６ポイントとずば抜けて低いのを例外にして、次のような設問は最高８・９ポイントから最低でも８・４ポイントと非常に高かった。①自分がやっていることには価値がある（８・９ポイント、以下同じ）、②

自分は運の良い人間である（8・8）、③自分の人生を決める自由を持っている（8・8）、④人生の目的ないしは意義を感じている（8・8）、⑤自分自身に満足している（8・6）、⑥逆境に立ち向かう力を持っている（8・6）、⑦上手くいくのもいかないのも自分次第である（8・6）、⑧ほとんど毎日、何らかの達成感を感じて暮らしている（8・4）、⑨自分の将来について楽観している（8・4）というように、非常に肯定的な人生観をもって毎日を過ごしていている。ただし男性に限ると、⑦の「上手くいくのもいかないのも自分次第」という項目だけは否定的であった。このようにメキシコ人は、生き方に関しても前向きである。

現実はどうなのだろうか。極度に悪化した治安、極端に開いた経済格差、国の政治・経済を動かす権力者やエリート層の不正・汚職問題など、マスメディアのニュースで知らされるメキシコ社会は、国民が安心して満足に暮らせるような状況にあると筆者には思えない。日常的にみる光景はこうである。

典型的なインフォーマル経済部門である無許可の露店商人とそれを排除しようとする当局の限りない抗争があちこちで展開されている。首都圏の地下鉄の車内では、ラッシュ時を避けると、一駅ごとに物売りが入れ替わり立ち替わり乗車してきて、手に持ったわずかな商品の売り込みに懸命な姿が見られるほど定職のない大人の姿が多い。身体障碍者や高齢者の物売りや物乞いの姿から、貧困問題の深刻さを感じる。そして筆者が日常的に利用する地下鉄の乗客のほとんどは、中間層下位

地下鉄入口のタコス店と朝の通勤・通学者の群

から下層と推測できる人々である。しかも人口の10％が極貧層とされる人々は、公共交通手段のほとんどない地方の奥地に集住する先住民である。

首都メキシコ市の地下鉄は12路線あり、最も安い運賃でいくつ路線を乗り換えても同一料金の５ペソ（２０１８〜19年時点で約25円）であるため、郊外から２時間以上をかけて地下鉄路線を乗り継ぎながら都心部の仕事場に通う人々が多い。メキシコの労働者の賃金体系には正規雇用を含めて交通費の支給がないことから、２時間以上かかっても最も安いバスと地下鉄を乗り継いで職場にたどりつく。それでも稼げる賃金の30％は交通費で消えてしまうという。こうして労働者たちは地下鉄の出入り口周辺に集まった屋台や公園の片隅でタコスの立ち食いで朝食をとり、さらに昼食もこの種の屋台で安く済ませる。これらの人々の姿は、30年前のメキシコ市内によく見かけた光景そのままで

メキシコ市マデロ通りにて，日曜日の家族連れ（2019年）

ある。食べていけるぎりぎりの生活を強いられている市民の半数以上が、先に紹介した信頼度の高い機関による調査結果のように「幸福感」を持っているのだとしたら、メキシコ人はきっとどのような環境であれ、自分なりに暮らせる適応能力を備えているのであろう。

確かに人々は陽気で、親切である。首都だけでなく地方の都市においても、人々はおおらかに暮らしているようにみえる。華やかな大型ショッピングセンターの日曜日は人混みがすごい。大規模量販店でみられる商品の山からは、メキシコ経済が活況を呈しているかのような錯覚を覚える。

このように日曜日の繁華街は人で溢れている一方で、物乞いも多い。確かにガソリンの値上げなどによってインフレが懸念されているとはいえ、基本的な生活必需品は安い。通常キロ単位で買う野菜・果物・肉類などの食材は、生産者の手に残る金額が如何ほどなのか

日曜日のアラメダ公園に家族ぐるみで集まる肥満体の庶民たち

気になるほど安い。加工食品もまた同様である。国民食となっている日系企業のインスタントラーメンは、袋入りのものなら大型スーパーでは日本円に換算して20円ほどで買える。世界的に知られているメキシコ人の肥満体は栄養管理意識の低さに基づくところが大きいとしても、庶民が食べる食事の量はまさに飽食といっても過言ではない。メキシコでは「飢餓」は例外的で特殊な事例である。

一般市民にとっては雲の上の生活をしているような超富裕層の存在に対して、中間層を含めた庶民は彼らを「別世界の人々」と考えているようだ。米国のマイアミやサンディエゴに豪邸を複数所有するような政治家や労働組合幹部たちの汚職に厳しい目を向けることもなく、伝統的な家族の強い絆のなかで幸せを感じながら暮らしているのだろうか。

5章 メキシコの変革を予測させる2018〜19年

２０１８年から翌19年にかけての2年間は、一大転換期としてメキシコ現代史に記録されることであろう。２０１８年7月1日の総選挙において、新興中道左派勢力が大統領選挙のみならず連邦議会上下両院で過半数を得て勝利しただけでも十分な「政治の転換点」であったが、この間に特権階級の腐敗と汚職が究極のレベルに達している実態が国民の前にさらけ出されたからである。「特権の剥奪」「汚職の追放」「麻薬組織の撲滅」「貧困との闘い」「公平と平等と正義のある社会の建設」などを掲げて選挙戦を戦った新興政党の国家再生運動（ＭＯＲＥＮＡ）が地滑り的勝利を収め、そのリーダーであるアムロはメキシコの現状を根本的に変えることを約束した。「第四の変革」と命名されたメキシコの改造計画である。その具体的な内容については9章で紹介する。

前政権のエンリケ・ペーニャ＝ニエト大統領（任期２０１２〜18年）のスキャンダルと汚職が大々的にマスメディアで取り上げられ、世論調査による支持率が10％台にまで下がったこともまた歴史的事件であった。同時に、政治家の汚職・収賄の実態は、大統領から州知事、そして次期大統領選挙の立候補者まで、マスメディアによって暴露された。またこれらのメキシコの権力者たちに賄賂を贈った利権誘導者たちの名前も、国内企業だけでなく外国企業にも及んだ。ラテンアメリカ最大の複合企業体オデブレヒト（ブラジル）や世界的に有名なスペインのサッカー・チームであるレアル・マドリドのオーナーの収賄まで、メディアの取材は及んだ。

しかしこのようなメディアで取り上げられる贈収賄のほとんどは立件されず、うやむやになるのがメキシコの政治文化である。メキシコの権力者たちの汚職を暴いた古典的著作として知られる米国のニューヨークタイムズ紙の記者アラン・ライディングが著した『遠い隣人』（1984年初版）は、メキシコの歴代大統領名を明記してそれぞれの汚職にまみれた姿を紹介したが、その後の権力者や特権階級の汚職にまみれた実態を暴露した著作も、近年次々と出版されている。汚職に関する問題はV部で紹介するので、ここではこの問題はこれ以上取り上げないが、先に紹介した「汚職の追放」などを公約に掲げて選挙戦を展開したMORENAの戦術によって、メキシコ国民は自国の政治の実態を改めて認識したに違いない。

21世紀に入ってもクーデターによる政権交代が発生するラテンアメリカにおいて、メキシコは政治の安定した例外的な国であった。選挙の不正が暴露されても、経済が混乱状態に陥っても、また大規模な抗議デモが連日続いても、政権が倒れることはなかった。そして歴代大統領の中で10％台という最低支持率にまで陥ったペーニャ＝ニエト大統領も6年間の任期を全うした。2012年に颯爽と登場した、この端正な顔立ちの貴公子風の若き大統領の任期後半は、メディアと国民の愚弄の対象とさえなり、汚職まみれの大統領というイメージを残して任期を終えた。18年の大統領選挙で候補者の公約を信じる有権者は誰もいなかったと言っても過言ではないだろう。「政治家は信用できない」という国民感情が蔓延していた。また公約を楽観的に受け止めることができない国外事情も身近にあった。

２０１８年はメキシコにとって対米関係で試練の年でもあった。前17年1月20日に就任した米国大統領ドナルド・トランプによる「米国第一主義」によってメキシコに向けられた「移民問題」と「麻薬問題」は、長年にわたるメキシコの対米外交における苦渋の課題である。これらの問題をめぐり国境に「壁」を建設し、メキシコにその経費を払わせると主張したトランプ大統領は、メキシコ側の拒絶と米国内の反対意見にも関わらず、着々と「国境の壁」の建設を進めている。同時並行して、中米諸国の困窮と抑圧から逃れて米国へ向かう不法移民の群れがメキシコに押し寄せてきた。メキシコは人道的問題としてグアテマラと接する南の国境の通過を認めたが、キャラバンを組んで数千人規模で通過するこれらの中米移民が米国に入国できずに北部国境地帯に滞留したことで、政府は対応に追われた。しかも中米移民だけでなくアフリカやアジアからのグアテマラ経由で入国する難民の扱いは、メキシコ政府の管理能力を超えていた。そして通過移民集団に同情的であったメキシコ国民と滞留する多数の不法移民集団との間で摩擦が拡大し、混乱状態へと発展していった。

２０１８年はまた、トランプ大統領の主張によって北米自由貿易協定（ＮＡＦＴＡ）の改定に向けた交渉にメキシコは翻弄された。「移民排斥」、「国境の壁建設」、「NAFTA改定の要求」などトランプ大統領の声高な要求と侮辱と愚弄の言葉は、メキシコに「屈辱の対米関係の歴史」を思い出させたと言っても過言ではない。このような最後の1年を大統領として過ごしたペーニャ＝ニエトは、7月1日の選挙で次期大統領に当選したアムロの言動が注目されていく中で、日ごとに存在感を薄くしていった。政権移行期の9月に「第四の変革」を掲げてメキシコの国家再生の課題を具体化する次期政権の与党MORENAは、大統領の就任前に開会された連邦議会で「公務員給与に関する連邦法案」を成立させた。ペーニャ＝ニエトは24章で紹介する超特権的大統領終身年金をもらえなくなった最初の大統領となった。

この間のメキシコ経済は成長率2％前後で、30年近く低迷状態のままであった。ネオリベラリズム経済への転換によってメキシコ経済は外国資本に開放され、生産現場も市場も国際色を急速に強めてきた。しかし最先端技術を持って参入する外国資本による生産現場で、メキシコの労働力の雇用は期待するほど増加しなかった。ましてや社会保障の網からこぼれたインフォーマル経済部門で働く労働者の雇用の改善にはつながらなかった。それどころか貧富の格差が拡大した。

一方、2018〜19年にみられた社会不安は麻薬カルテルの内部抗争によるものだけではなく、カルテル同士の縄張り争いから一般市民を巻き込む広範な犯罪へと拡大していた。農業部門の40％が麻薬組織の支配下に入り、ヘロインの原料となるケシの栽培やマリファナの原料となる大麻の栽培を農民に強いただけでなく、種子の供給から栽培したケシと大麻の買い上げに至る一連の流れが麻薬組織によって行われるようになっていた。普通の農産物より収入が大幅に増えるケシと大麻の栽培によって農民たちはささやかな余裕を得られるようになった。そして精製された麻薬はさまざまな手段で国境を越えて米国市場に運ばれたが、それに利用されたのが国境をわたる不法移民たちである。彼らは「ラバ」と呼ばれる運び屋に仕立てられ、麻薬を米国側に運んで行ったのである。そしてメキシコ国内の麻薬組織は莫大な資金を手にしただけでなく、各地の警察・政界との癒着によって勢力を一層拡大し、政府軍と対等に戦えるほどの武装をするまでになっていた。

かつて米国政府の強い要請と支援を受けて麻薬組織の取り締まりを強化したカルデロン政権（任期２００６～12年）は「麻薬戦争」を宣言し、軍隊を派遣して徹底した麻薬組織の撲滅作戦を展開したことがある。麻薬カルテルの幹部たちが逮捕され、カルテルの多くが解散や分裂に追い込まれた。しかしこの作戦は逆に麻薬カルテルを拡散させる結果となり、２０１８～19年には麻薬関係で発生した殺人件数は減少するどころかむしろ増大する傾向にあった。さらに麻薬カルテルの活動範囲は農業部門から石油部門にまで拡大し、石油公社の油送管からガソリンを盗み取る「ウワチコレオ」が組織的犯罪にまで拡張していたことが判明した。19年1月にメキシコで発生したガソリン不足による国民生活の混乱は、アムロ政権が取ったウワチコレオに入り込んだカルテルとの対決によるものであった。この事件についてはⅣ部で紹介する。

２０１９年は権力が絡む2つの残酷な事件の記憶を甦えらせる年でもあった。14年にゲレロ州で発生した43名の農村師範学校生徒の誘拐・殺害事件として知られる「アヨチナパ事件」の5周年目に当たり、まだ事件の真相は不明のままである。43名の学生を誘拐して焼却したとされるこの事件は、麻薬カルテルと権力者が絡む事件とされ、真相究明を求める抗議行動が展開されている。

19年はまた、この「アヨチナパ事件」発生5年目に加えて、歴史に残る１９６９年の政府軍による反政府デモ隊の大量虐殺事件「トラテロルコ事件」の50年目という節目に当たった。そのために、政府への不信と真相解明を求める大規模デモが頻繁に組織され、マスメディアもそれに応じて取り上げる頻度が増し、さまざまな分野で事件の再検証に取り組み直す年となった。

以上のような政治・経済・社会の不安定さに加えて、メキシコの国民生活を脅かしたのが異常気象による災害である。地震・ハリケーン・干ばつ・異常降雨などにより、各地で日常生活が破壊され、経済にも大きな被害が及んだ。異常気象は地球規模で発生している現象であり、メキシコだけがその犠牲になったわけではないが、被害者救済に対する政府の対応は不十分で、被災者の困窮生活が長引いている。

最後にアムロ大統領の先住民への特別な思いを紹介しよう。メキシコの先住民は最貧層の代名詞でもある。「先住民」の定義は、国立統計地理院（ＩＮＥＧＩ）によると「先住民言語を日常生活の中で使用する住民」で、メキシコの総人口の約10％前後を占める。その80％は農山村に住んでい

勝利宣言するアムロ大統領（2018年12月1日 ©PresidenciaMX 2012–2018）

る。そのうちの80％は貧困の中で暮らしており、その半分以上が極貧状態にあるとされる。２０１８年12月１日の大統領就任式の日に、アムロ新大統領は憲法広場でマヤ系先住民族の権力譲渡の儀式を憲法広場で披露した。アムロの先住民社会に対する思いは強い。アムロは、メソアメリカの古代文明をつくり上げた先住民をメキシコ民族主義の原点に置いている。多くの先住民が極貧状態の中に取り残されている経済的・社会的環境を改善しようとする姿勢を強く打ち出している。

２０１９年２月に、アムロ大統領は「アメリカ大陸の先住民を虐殺・虐待した征服と植民地支配に対する謝罪」を求める書簡をスペイン国王とローマ教皇に送った。スペイン国王フェリペ5世は「５００年前の人類の行動を21世紀の価値観で裁くことは適切ではない」とアムロの書簡に応えた。一方、アルゼンチン出身のフランシスコ教皇は、カトリック教会として正式な謝罪をすでに行っている旨のメッセージを伝えてきた。スペインで文筆活動をするノーベル文学賞作家のペルー人マリオ・バルガス＝リョサは、現代メキシコそのものが古代アメリカ文明を受け継ぐ先住民とスペイン人との混淆の成果であるとして、アムロの言動を「愚かしい」と非難した。

20世紀末以降メキシコが陥った「脆弱国家的状況」（2章参照）は、明らかに強いリーダーシップを欠き、国家ビジョンを持たない政治家たちによってもたらされた。その意味では、２０１８年のアムロ大統領の登場はこの長い政治的混迷から抜け出せるリーダーの出現として期待できるかもしれない。ただしメキシコが直面している現状は、どのように有能な大統領であっても、一期6年間という短期で解決できる類のものでないことは明らかである。

アムロの就任式を報じた週刊誌『プロセソ』表紙（2018年12月2日号）

「失われた10年（1982–92年）」とハイパーインフレーション

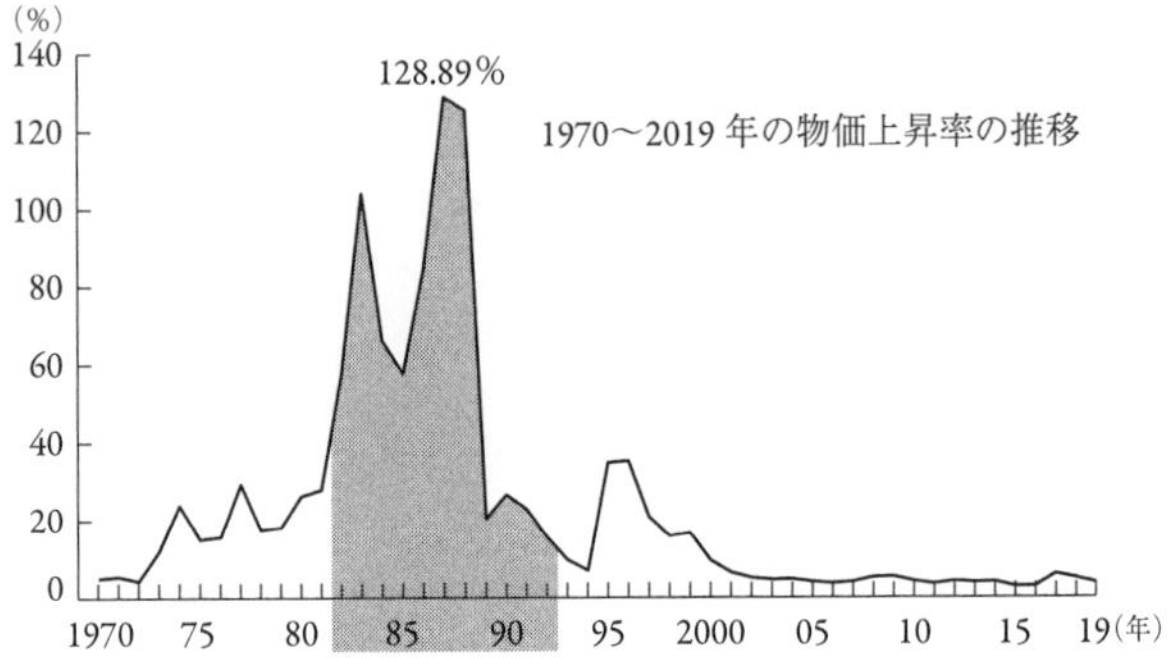

出所）World Bankのデータを基に筆者作成

出所）メキシコ中央銀行（右は1993年1月に切り替えた，ゼロ3桁をとった新紙幣）

Ⅱ部　2018年総選挙とアムロ政権の発足

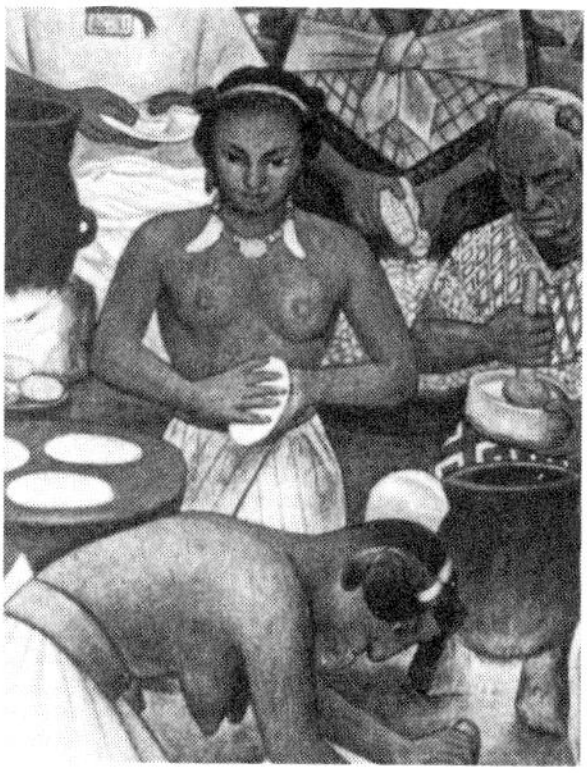

6章　2018年総選挙観察記

メキシコの総選挙を筆者が現地で観察するのは、これが4度目である。今回の総選挙は公式の選挙運動期間が3月30日から6月27日までの90日間で、投票日は7月1日であった。しかし党内予備選挙運動が前年の2017年9月から始まっていたため、実質的にはほぼ10カ月間の長期にわたって選挙戦が全国で展開された。

2018年の総選挙はメキシコ史上最大規模となった。6年に1度の大統領選、連邦議会上院議員128名（全議席・任期6年）、下院議員500名（同・任期3年）、8州と首都メキシコ市の首長、全国31州中27州とメキシコ市の議会議員（1院制）、1580の地方自治体と16の首都アルカルディア（東京都の区に相当）の評議会委員を含む総勢2818名を選出する選挙が同時に行われたからである。さらに有権者登録数（投票には事前登録が必要）でも、9000万人に近い史上最多数を記録した。

しかし投票率からみると、「民主化のはじまり」とされる1988年の総選挙以降6回目に当たる2018年の大統領選挙の投票率は必ずしも高くなかった。1994年の77・2％を最高として、一番低かった88年の50・9％に対して、２０１８年の投票率は66・4％である。国民の選挙に対する関心はそれほど高まらなかったともいえる。

大統領選挙に限ると、大筋として「イデオロギー抜き・政策論争なし」の選挙戦であった。しかし他方で、全候補者に共通したテーマがあった。それらは、①麻薬カルテル間の抗争激化に伴う深刻な国内治安の悪化、②最悪の状況にあるとされる汚職問題、③経済格差是正と貧困問題という、三大テーマである。そのほかに制度的革命党（ＰＲＩ）政権が２０１２年から取り組んで行き詰まっていた教育改革、30年に及ぶ経済の低迷なども、重要な共通の政策課題であった。しかし、それらをめぐって激しい論争が起こることはほとんどなかった。

また国際的に注目を浴びた米国トランプ政権との確執、すなわち出稼ぎ移民の抑制と国境の壁建設および北米自由貿易協定（ＮＡＦＴＡ）の条件再交渉をめぐる問題は、争点にさえならなかった。いずれもトランプ政権の出現によって顕在化した対米問題であるが、その深刻さと重要性があまりにも自明であるがゆえに、かえって政策論争にならなかったのだろう。

今回は、ＰＲＩ一党体制から多党体制に移行した１９８８年以来、最も激しい票の奪い合いが、はじめは予想されていた。それは２０１４年の選挙法改正によって立候補の資格制限が緩和され、無党派で立候補することが可能となったことが大きい。それまで立候補の条件は国家選挙管理機構（ＩＮＥ）によって公認された政党からの立候補に限定されていたからである。そしてすでに、15

表1　2018年総選挙の政党同盟と大統領候補

政党同盟の名称	大統領候補	政　党　名	イデオロギー
メキシコのための集結（Todos por México）	ホセ＝アントニオ・ミード	制度的革命党（PRI）	右派／中道左派
		緑の党（PVEM）*	中道右派
		新しい同盟（PANAL）**	左派
メキシコのための前衛（Por México al Frente）	リカルド・アナヤ	国民行動党（PAN）	中道右派
		民主革命党（PRD）	左派
		市民運動（MC）	中道左派
ともに歴史を創ろう（Juntos Haremos Historia）	アンドレス＝マヌエル・ロペス＝オブラドール（アムロ）	国家再生運動（MORENA）	中道左派
		労働党（PT）	左派
		社会結集党（PES）**	右派

注）＊「メキシコ環境主義者緑の党」の略称。
　　＊＊ 2018年選挙後に解散。
出所）公報等に基づき筆者作成

年の中間選挙で無党派州知事が誕生していた。

大統領選挙に限ってみると、INEに公認されている9政党の候補者に加え、最終的に無党派3名の計12名が名のりを上げた。ただし大統領選挙に無党派で立候補するためには、INEに登録した有権者総数の1%以上の支持者の署名が必要である。2018年の場合、最低17州における合計86万6593人の支持者署名が必要であった。予備選挙運動開始早々に十数名の無党派立候補希望者が署名集めを開始し、その中にはハリスコ州のナワ系先住民マリアン・デ・ヘスス・パトリシオ（通称マリチュイ）もいた。しかし立候補に必要な署名を集めることができたのは3名に留まった。しかもそのうち公式選挙戦で最後まで戦ったのは1名のみである。

選挙戦は**表1**にみるように、中道右派の国民行動党（ＰＡＮ）と左派の民主革命党（ＰＲＤ）が手を組む一方で、新興中道左派の国家再生運動（ＭＯＲＥＮＡ）が右派の社会結集党（ＰＥＳ）と選挙協定を結んだことに象徴されるように、「イデオロギー抜きの選挙」となった。なお政党のイデオロギーによる位置づけは、政党が加入する国際組織、党の経済政策、死刑・人工中絶・性の多様性の賛否によって筆者自身が分類したもので、異論もありうることを承知している。伝統的なイデオロギー政党は労働党（ＰＴ）や社会結集党（ＰＥＳ）のような小党にのみ当てはまる。

大統領選挙戦では3回（4月22日、5月20日、6月12日）にわたり公開討論会が行われたが、討論の中身は互いの非難合戦であった。とくにＰＡＮのリカルド・アナヤ候補の資金洗浄疑惑がメディアで報じられた後の3回目の討論会は、完全に中傷合戦となった。なお2回目討論会の直後に、唯一の女性候補（無党派）マルガリータ・サバラは選挙資金の枯渇を理由に撤退した。

選挙に対する全般的な評価は、内外ともに「公正な選挙」というものであった。とりわけ国内の報道機関は、メキシコ史上初の「民主的な選挙」だと報じたことが筆者には印象的であった。たしかに過去の選挙と比較すると、１９９２年以降いくども改正された選挙法に基づいて選挙戦が展開され、大がかりな違反行為はなかったかもしれない。報道機関の姿勢も相対的に公平で、整備された選挙制度が有効に機能したという印象もある。投票当日、筆者が住む巨大団地内に設けられた2カ所の投票所の観察でも、各政党代表とボランティア監視員が見守る中で非常に手際よく、円滑に投票が行われていた。

しかし現実には、公式の選挙運動期間が始まる前から不穏な空気が全国的にあった。立候補予定者や支援者および報道関係者ら合わせて全国で100名以上も殺害されていた。投票日には投票箱が強奪され、遺棄された地域もあった。麻薬カルテルが支配する地域では地方自治体そのものがカルテルに乗っ取られており、「公正で民主的な選挙」が全国規模で行われたとは言えないと筆者は思っている。しかし選挙の結果が大差をつけてのMORENAの圧勝に終わったことで、各種の違反や事件が大きな注目を集めることはなかったのだろう。

投票所管理への住民参加の仕組みと投票所の質素さは、東京都内の選挙しか体験のない筆者にとってはとても新鮮に映った。メキシコ市の例でみると、各投票所は地区内で選ばれた管理人グループによって運営される。管理人の選出については、まずINEが決定した誕生月に該当する管理人候補者リストが作成され、個別に意志確認が行われる。候補者が応じた場合には面接を行い、選挙管理人として登録する。こうして選ばれた各投票所の選挙管理人たちは、投票開始の朝8時前から投票が締め切られる夜8時すぎまで投票所に詰めっきりで任務に従事する。投票に訪れた住民の有権者資格の確認、投票用紙の配布、投票を済ませた人の指先に特殊なインクを塗る作業である。インクは再投票の不正を防ぐ措置で、洗っても3〜4日は消えない。投票箱は簡単なダンボール製で、日本の投票箱のように厳重なカギがついているようには見えなかった。投票時間が終了すると、選

2018年7月1日の団地内の投票所の光景

挙管理人がただちに投票箱を選挙区の評議委員会のもとに運んでいった。今回の選挙では、選挙管理人手当として500ペソが支払われた。最低賃金のほぼ5日分にあたる。

このように投票所の管理運営が住民の手で担われる様子は、確かに民主化したメキシコ社会の先進性をみせていた。ただし、これはメキシコ市内の話であり、地方や農山村の集落で行われる選挙を同一に論じることはできないであろう。実際、後日の報道によれば、今回選挙法に規定された条件を完全に満たした州は、全国32州中首都メキシコ市（州扱いとする）とモレロス州のみであったからである。

ところで投票時間終了直後に起きた出来事は、筆者を含め選挙過程を見守ってきた者にとっては予想外の出来事であった。夜8時に投票が締め切られると、そのわずか5分後に、与党PRIの大統領候補ミードがテレビカメラの前に立ち、国民に向かって「敗北宣言」を行ったからだ。さらにその40分後には、世論調査でほぼ2位につけていたPAN候補アナヤが敗北を認めてMORENA候補者アムロの勝利を祝福した。INEによる正式な速報が出る2時間以上も前のことである。

テレビ中継でみる限り、この間にメキシコ市内は騒然となっていた。アムロが勝利宣言を行うらしいというので、都心部のアラメダ公園に多くの市民が集まりだしたからである。結局、アムロはアラメダ公園前のヒルトン・ホテルで勝利を宣言し、待ちかまえていた群衆に囲まれて憲法広場へと移動し、市民と喜びを分かち合った。

後日に分かったことだが、野党側が早々と敗北を認めた背景には複数の世論調査機関と新聞社による出口調査があった。いずれの調査でもアムロが動かしがたい大差をつけて勝つと予測され、これを受けての「早期の潔い敗北宣言」となったとされる。テレビ各局の選挙特別番組では、政治学者や政治評論家たちがアムロ陣営の最大の勝因を「過去に学んだこと」と分析していた。すなわち、2度の選挙での敗北（2006年の僅差、2012年の大差）を教訓にして、万全の準備で選挙戦に臨んだことが功を奏したのだという。アムロの改革に向けた政策提案が有権者を惹きつけたわけではないのだ。

ただし次のような指摘をした政治評論家もいた。アムロがメキシコ社会の直面するさまざまな問題を熟知していること、改革への熱意に溢れ、確固たる政治信念をもっていること。そして何よりも長年にわたり精力的に全国を回って継続してきた視察や講演活動により知名度が非常に高いことであった。「大衆迎合主義者《ポピュリスト》」として批判される一方で、「現実主義者《リアリスト》」の面もあると、この政治評論家は指摘した。その結果、幅広い層の支持をとりつけたことで実を結んだという。

筆者の認識では、次の2つが勝因であった。その1つは三大政党（PRI、PAN、MORENA）が弱小政党を取り込む形で実現した選挙協力体制の効果であり、もう1つはPANとPRDの党内分裂である。PRIの衰退は明白で、選挙の結果を左右することはありえなかった。

まず1つ目に関しては、今回の大統領選挙戦の行方を占う前哨戦とされた2017年のメキシコ州知事選に学んだことを意味する。この知事選挙で勝利した与党PRIは、単独の得票率では強力なライバルとみられていたMORENA候補者に僅差（29・81％対30・91％）で敗れていた。PRIがかろうじて勝利したのは、総投票数の1％強しか得ることができなかったメキシコ環境主義者緑の党（PVEM）との選挙協定の結果であった。このメキシコ州知事選の結果を受けて、INE公認9政党は2017年7月から11月にかけて他政党と綿密な交渉を重ね、54頁で示した表1のような選挙同盟にこぎつけている。

2つ目の党内分裂に関しては、日本の読者からすればそれほど関心の高い話題ではないかもしれないが、現代メキシコ政治を知るうえで重要な動きなので、あえて次章で紹介したい。

7章　アムロの勝利を決定した主要政党の分裂

21世紀に入ってからのメキシコの中央政界は、2000年に71年間政権の座にあった制度的革命党（PRI）、1939年の結党後61年にして政権を握った国民行動党（PAN）、87年にPRIの民主化を要求して離党した革新勢力が89年に結党した民主革命党（PRD）が三つ巴の権力闘争を展開する状態にあった。アムロの2018年の大統領選挙への立候補は、06年と12年の選挙に続く3度目である。最初と2回目の選挙では、アムロは左派のPRDからの立候補であった。しかし3度目は、PRDを離党して自らが立ち上げた国家再生運動（MORENA）からである。

アムロのPRD離党の理由は政策をめぐる見解の相違であった。アムロ自身の弁明によると、12年の選挙で勝利したペーニャ＝ニエトPRI政権に歩み寄るPRD幹部の方針が「国民への裏切り」であり、離党の決意となったとする。PRDを離党したアムロとその支持者が国家再生運動全国評議会を立ち上げたのは12年11月20日であった。しかし政党登録に時間を要し、アムロを党首として政党登録が完了したのは14年7月になってからである。そして17年12月12日に党首の座を退き、MORENAの大統領候補者となった。PRDはアムロの離党によって分裂し、すでに主要政党から弱小政党へと転落していた。

挑戦3度目となった2018年の選挙戦で、アムロが初めから最有力候補者であったわけではなかった。アムロは、「大衆迎合主義者《ポピュリスト》」「ベネズエラのチャベスのメキシコ版」などというキャッチフレーズでメディアや評論家の間で酷評され、アムロの個人色の強いMORENAの選挙運動は必ずしも順調ではなかったからである。

3月末に公式選挙戦に入ってからは、はじめ国民行動党（PAN）のリカルド・アナヤ候補が若者層の間で圧倒的な強さをみせていた。レフォルマ紙による4月中旬の15大学の学生を対象としたアンケート調査では、アナヤ支持の45％に対して2位のアムロは21％だった。4月22日に行われた第1回公開討論会の結果を受けて行われた同紙のアンケート調査でも、アナヤ支持68％に対してアムロは50％であった。アナヤの支持率が急落するのは、公式選挙戦後半に土地売買をめぐる資金洗浄問題が広く取り沙汰されてからである。

しかしそれまでのアムロの支持率が一部の世論調査でアナヤにリードされていたとはいえ、全般的にはアムロの支持率が高かったのも事実である。アムロに対する支持派と非支持派は早い段階から明確に分かれていた。「ベネズエラのチャベスのメキシコ版」として声高に叫ぶ政党や一部の反アムロ派である評論家とメディアによる扇動は、当初は激しいネガティヴ・キャンペーンとして効を奏し、アムロの「ポピュリスト」としてのイメージが先行していた。「格差社会と貧困問題の解決抜きにして国家再生はあり得ない」というアムロの一貫した姿勢が「人気取りのバラマキ政策」として受け止められ、中間層を強い反アムロ派にしたからである。中間層の圧倒的多数はアムロに対してある種の嫌悪感を持っているように筆者には思えた。

しかし他方で、アムロには他の候補者を寄せ付けない全国的な知名度があった。それは、メキシコ市長時代（２０００～06年）の実績と、06年および12年の２回の大統領選挙で敗れたとはいえこの間に継続してきた全国的な講演活動で培われた知名度である。加えて、誰の目で見ても明らかな国内治安の悪化とメディアによって暴露される多くの政治家の腐敗・汚職、および経済の低迷と貧富の格差拡大は、アムロに対する「ネガティヴ・キャンペーン」を帳消しにしたと筆者は考えている。反アムロ・キャンペーンは、むしろこれらの問題の改善策を具体的に提示するアムロの言動に利する逆効果になったとさえ思えた。さらにアムロを決定的に優位にしたのは、ライバル政党ＰＲＩとＰＡＮが大統領候補者の擁立を巡って党内分裂を起こして手間取ったことである。

政権与党ＰＲＩの候補者は、17年11月末に大統領エンリケ・ペーニャ＝ニエトによる指名で、ホセ＝アントニオ・ミードに決定された。しかしこの手法は一党支配を続け、汚職にまみれたＰＲＩ体制の記憶を国民に蘇えらせたに違いない。党内選挙を経ずに「デダッソ」と呼ばれる大統領の指名によって次期大統領候補者が決定されたからである。

ＰＲＩ大統領候補に指名されたミードは、２期にわたるＰＡＮ政権時代のエネルギー大臣・外務

アムロの選挙ポスター

大臣・財務公債大臣を歴任したのち、ＰＲＩのペーニャ＝ニエト政権下でも社会開発大臣と財務公債大臣を歴任した、いずれの政党にも所属したことのないテクノクラート（高級専門官僚）である。モンテレイ工科大学（ＩＴＥＳＭ）で経済学士号をとり、さらにメキシコ国立自治大学（ＵＮＡＭ）で法学士号を取得した後に米国イェール大学で経済学博士号を得た、典型的な超エリート層が選ぶ道を歩んできた人物だが、国民の間での知名度は無に等しかった。それまでＰＲＩ次期大統領候補の予想が最も高かった内務大臣ミゲル＝アンヘル・オソリオ＝チョンは、このデダッソによる党候補者決定に対して潔く身を引き、上院の比例代表候補枠に回って当選している。

さらに全国教職員組合（ＳＮＴＥ）がＰＲＩからＭＯＲＥＮＡ支持に転向したこともＰＲＩにとって大きな打撃であった。全国１５０万人の教職員を擁するＳＮＴＥ

のPRI支持の破棄は、1989年から2013年までの23年にわたって、書記長として、また議員活動で書記長を退いても実質的にSNTEを牛耳ってきたエルバ＝エステル・ゴルディーリョの汚職逮捕に端を発していた。13年2月に組合費横領の疑いで逮捕され、PRI党内における有力者との確執と併せて、ゴルディーリョの華麗なる生活の実態が派手に暴露された。長年にわたってPRIの重要な集票組織の1つであったSNTEのPRIからMORENAへの支持転向は、PRIにとっては大きな損失となった。このようにPRIは初めから勝算のない選挙戦を戦ったのである。

一方、2000年と06年の選挙戦を制して2期12年間にわたり大統領の座を占めたPANも、政権奪還を目指した候補者選びで党内が分裂した。青年部時代からPAN党員であり、弁護士かつカルデロン元大統領（任期06〜12年）の妻マルガリータ・サバラが、PANを離党して無党派で大統領選挙に臨む道を選択したからである。党独自の候補者選択に手間取ったPANは、8月から他党との選挙協定を模索し、11月後半になってPAN、PRD、市民運動（MC）の3党が選挙協定に署名するまでに歩み寄り、選挙協定「メキシコのための前衛」がやっと12月8日に成立するという不手際であった。

他方、左派勢力として1997年からメキシコ市長の座を独占してきたPRDは、メキシコ市民に人気のあるミゲル＝アンヘル・マンセラ市長という有力な候補者を有していた。しかし前述のようにアムロとその支持グループの離党によってすでに党自体が弱体化しており、PRDは主要政党

PAN 大統領候補アナヤ（右）と PRD メキシコ市長候補バラーレス

としての影響力を失っていた。

ＰＡＮとＰＲＤの選挙協定の締結後、ＰＡＮ党総裁アナヤとＰＲＤのメキシコ市長マンセラの二者択一に注目が集まる中で、ＰＡＮとＰＲＤの選挙協定の解除も予想された。しかし最終的にはアナヤを統一候補に決定し、マンセラが大統領選挙対策本部長を引き受けると同時に連邦議会上院議員選挙の比例代表名簿に名前を載せることで妥協した。同時に、ＰＡＮはメキシコ市長選挙では独自の候補を立てず、ＰＲＤ候補を支持することでＰＡＮとＰＲＤの選挙協定は成立したのである。

しかしＰＡＮとＰＲＤは思想も政策もほぼ対立的な政党である。カトリック教会の支持者で人工中絶や性的多様性を認めない右派勢力の強いＰＡＮと政教分離を明確に掲げ、人工中絶を容認する当時唯一の自治体であったメキシコ市のＰＲＤ市長を選挙対策本部委員長として受け入れたことで、ＰＡＮ党内で批判が続出した。

このように有力政党であるＰＲＩとＰＡＮの候補者選択に対して、アムロの率いるＭＯＲＥＮＡは当選を確実にするための選挙協定を労働党（ＰＴ）と社会結集党（ＰＥＳ）と結んだ。ただしＰＥＳはプロテスタント勢力が設立した右派の小党で、思想的には相容れない立場にある。したがってさまざまなアンケート調査で相対的に高い支持率を保ち続けたアムロに弱小政党が歩み寄ったとも言えるが、前章で紹介したように２０１７年のメキシコ州知事選挙でＰＲＩ候補に僅差で敗れたＭＯＲＥＮＡにとっても、選挙協定「ともに歴史を創ろう」の重要な仲間となった。

なお2回の選挙に敗れながら3度目の挑戦を目指したアムロの、メキシコの政治・経済・社会改革に対する思想と情熱には妥協の余地のない一貫性があるというのが、筆者の理解である。アムロは、メキシコ革命を継承する「メキシコ革命党」として１９２９年に結成されて以来、2度名称を変更しながら71年間政権を独占してきたＰＲＩに、１９７６年、23歳で入党している。87年までの11年間さまざまな下級のポストを歴任した後、次期大統領候補の党内選出過程に不満を持つＰＲＩ革新左派クワウテモック・カルデナスらと共に離党したグループに参加し、89年に結成されたカルデナスを中心とするＰＲＤの創立メンバーの1人となった。

アムロは１９９４年の故郷タバスコ州知事選挙にＰＲＤから出馬してＰＲＩ候補に敗れた。96〜99年の間、ＰＲＤ全国委員長を務め、２０００年にメキシコ市長選挙にＰＲＤ候補として出馬し、当選した。公選によるメキシコ市長2代目である。首都メキシコ市は独立以降、連邦政府の直轄下におかれ、正式名称である連邦首都行政長官が大統領によって任命された時代は１９９３年の憲法改正まで続いた。この憲法改正によって、市民による直接選挙で選出された初代メキシコ市長がクワウテモック・カルデナス（任期１９９７～２０００年）である。2代目市長アムロは、弱者救済のためのさまざまな支援策を展開すると同時に、メキシコ市内の公共交通網の整備に力を注いだ業績で知られている。２００６年の大統領選挙のＰＲＤ候補に擁立されたが、０・５６％という僅差でＰＡＮ候補に敗れた。集計に不正があったとして投票用紙の全票再集計を求めたが受け入れられず、半年に及ぶ激しい反政府抗議デモを展開したことでも広く知られている。

２０１２年の大統領選挙に立候補したアムロが提示したさまざまな弱者救済対策は、ＰＲＤが掲げてきた貧困・汚職・格差社会の是正を掲げた革新左派の主張であった。18年のＭＯＲＥＮＡもまた弱者救済と汚職の一掃を公約に掲げて戦った。

8章　選挙制度の民主化の原点となった「1988年の大統領不正選挙」

２０１８年の選挙が相対的に平穏裡に実施された背景には、選挙制度に関する長い改革の歴史がある。選挙制度改革は制度的革命党（ＰＲＩ）の一党独裁時代の１９７０年代にはじまっているが、88年の大統領選挙におけるＰＲＩの不正な選挙介入事件が選挙制度改革の原点となった。これは「１９８８年のコンピュータ遮断事件」として歴史に残るもので、その概要を本章では紹介しよう。

当時の大統領候補者は、与党である制度的革命党（ＰＲＩ）のカルロス・サリナス、国民行動党（ＰＡＮ）のマヌエル・クロウティエル、国民民主前線（ＦＮＤ）を組織した野党連合のクワウテモック・カルデナスおよび労働者革命党（ＰＲＴ）のロサリオ・イバラ、他の２名の計６名であった。

88年7月6日の投票日の夜に全国から送られてくる集計数字をメキシコ市内の内務省におかれた連邦選挙委員会（ＣＦＥ）が取りまとめてコンピュータに入力している途中で「コンピュータ遮断事故」が発生し、翌7月7日早朝にマヌエル・バルトレット内務大臣が「コンピュータが機能不全になった」ことを発表した。最終的な投票結果の発表は5日後の7月12日に行われたが、この発表

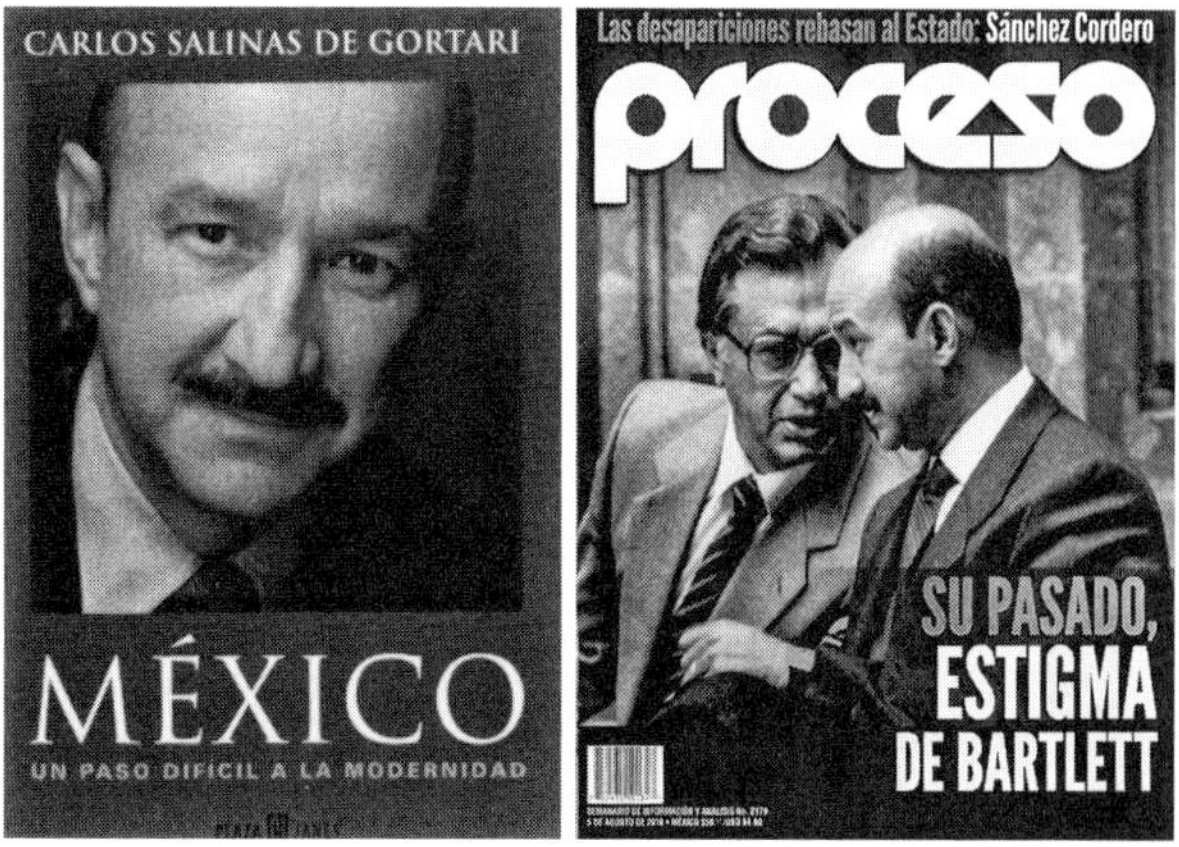

左：サリナス元大統領の回顧録の表紙／右：2018 年８月，過去の疑惑をめぐり『プロセソ』誌の表紙を飾るサリナスとバルトレット

に至るまでの間に、さまざまな疑惑が関係者の間で生まれた。

事前の世論調査で「カルデナス候補の圧倒的優位」という結果が出ていただけに、与党ＰＲＩの不正の噂が広まった。コンピュータの機能不全の報告を受けると、ただちに先に名前を挙げた野党大統領候補者３名がそろって内務省に抗議に出向いた。ＦＮＤのカルデナス、ＰＡＮのクロウティエルおよびＰＲＴのイバラの３人である。しかし与党ＰＲＩ総裁ホルヘ・デラベーガが一方的に勝利宣言を出し、与党候補のカルロス・サリナスの当選を発表した。ただちに集票過程に不正があるとして野党ＰＡＮの抗議デモが組織され、９日にはクロウティエルを先頭にした７万５０００人のデモ隊が都心部の独立記念塔から憲法広場まで行進した。12日の未明になってやっと内務大臣が公式に発表した開票結果は、サリナス50・7％、カルデナス31％、クロウティエル16・8％で、選挙前の予測で最有力候補であったFNDのカルデナスを大きく引き離しての与党PRI候補サリナスの当選であった。

以上は、当時の報道記事から事実関係を時系列で整理したものであるが、選挙後に実態を調査し続け、21世紀になってからホルヘ＝アルベルト・ロペス＝ガリャルドとマルタ・アナヤが明らかにした「事件の実態」を概説する前に、まず選挙直後の動きを紹介しよう。

メキシコ国内で少なからぬ関係者が真相究明に取り組んだが、その最初の報告書ともいうべきものが発表されたのは１９８８年11月28日に刊行された、カルデナスらによる報告書*である。これは、各地で消えた投票箱の投票数を推定し、投票箱廃棄とコンピュータ操作の不正を証明する報告書として出版されたものである。これによると、投票後の７月７日から10日まで全国の投票所５万４６４２から連邦選挙委員会（ＣＦＥ）に届いた投票箱は２万９９９９箱で、11日以降には新たな投票箱が届いていなかった。この段階での開票結果の公式の報告であるＰＲＩの73％という高い得票率に疑問を持った統計学者とコンピュータ専門家からなるグループが独自に再集計し、カルデナスの得票率42％、サリナス36％、クロウティエル22％という数字を出した。しかしこの主張は受け入れられず、「コンピュータがダウンした」以降の集計過程は不明のまま、サリナスの圧勝が決定されたという。そして６千部が印刷された１５３頁のこの小冊子の検証結果が世論を動かすことはなかった。

事件の真相究明は国外でも始まった。事件関係者への取材に基づく実態調査結果を発表したのは、1994年にイギリスのコンピュータ専門誌（*Computing*）に掲載された論文である。のち別の雑誌に掲載されている。*著者のジェイムス・S・ヘンリーは、当時メキシコ内務省でコンピュータ処理に関わった技師たちの証言を基にして7月6日の夜の開票からコンピュータ事故発表に至る過程を明らかにした。ここでは、情報を外部に漏らした人物が受けた脅迫やイギリスへの亡命などの事情にも触れられている。

メキシコ国内でこの「コンピュータ不正事件」が公然と語られるようになるのは、2004年に出版された当時の大統領デラマドリの回顧録『進路変更』*が出版されてからである。このデラマドリ元大統領の著書からヒントを得たニューヨークタイムズ紙の記者が、徹底した調査に基づく署名記事を書いた。それによると、1988年の大統領選挙の投票集計過程のある段階で敗色濃厚とわかり、デラマドリ大統領自身が集計結果の発表を命じたとされる。

そしてメキシコ国内でも2008年にマルタ・アナヤの『1988年――システムがダウンした年』*が出版された。12年にはロペス＝ガリャルドの『2012年――選挙の不正操作』*が出版され、その第1章で1988年の選挙の実態が詳細に取り上げられている。

これらの記録によると、最初に集計が開始されたメキシコ市内の開票過程でカルデナス候補の圧倒的な強さが明確となり、PRI本部は騒然となった。理由は簡単である。PRI体制維持を支援する経済界とメキシコの最有力テレビ局テレビサが莫大な資金を投入してサリナス支持のキャンペーンをした首都での敗北から、地方の貧困層に強いカルデナス候補の勝利を容易に推定できたからである。その結果、政府関係者は当時の選挙を管轄していた内務省内でまず対策を議論したという。この過程を理解するには、次のような当時の集計作業をまず知ることが必要である。

メキシコで初めてコンピュータによる集計が行われた当時の作業は、現在の技術的水準からみると非常に稚拙であった。まず各選挙区の票計算が行われ、その集計結果は電話でメキシコ市の選挙管理委員会に伝えられ、それらのデータをコンピュータに入力するチームが作業を開始した。そしてここで集計したデータは適宜、別室で待機する各政党の代表者やメディアに伝えられるというものであった。7月6日の夜、メキシコ市内の票集計が終わった段階で動揺が起こった直後に、内務大臣で選挙管理委員会の委員長でもあったマヌエル・バルトレットがコンピュータへの入力作業を中止するよう命じた。コンピュータへの入力作業が中断されたのは投票日7月6日の夜8時30分であったとされる。この時点までの開票の結果は、カルデナスへの票数が急増していた。内務大臣の発表に対して政党代表と記者団から疑問と抗議の声が上がった。

7月11日に発表された公式の開票結果は、すでに紹介したようにサリナス50・7%、カルデナス31%、クロウティエル16・8%であった。コンピュータが故障して集計が中断したことと集計に不正があったということは直接には結びつかないが、後にさまざまな証言を集めて分析したロペス＝

1988年7月6日の夜，記者会見するクロウティエル（左端），ロサリオ・イバラ（中央）とカルデナス（©Pedro Valtierra/Cuartoscuro）

ガリャルドは次のように説明している。まず第1に各投票所から地区の集計センターに送られる投票用紙の入った箱が迅速に送られず中断してしまったことに関しては、のちにPANの有力者ディエゴ・フェルナンデス＝セバリョが「自分自身が投票箱を燃やさせた」と証言した。第2に、5万4642の投票箱のうち1万7000箱に入っていた投票用紙が開票されることなく最終結果が出された。そして第3に、カルデナスに投票した投票用紙の一部が1週間後にゴミ箱の中や川から発見されたという証言があった。これらの事実関係は、ロペス＝ガリャルドの著作では6頁わたって詳細に紹介されている。

一方この間に、与党PRIの工作によって野党PANは連邦議会における選挙結果の承認過程でPRIの提案する協定案を受け入れ、サリナス候補の当選は正式なものとなった。この選挙疑惑に絡むPRI・PAN協定は、PAN候補のクロウティエル本人が反対する中で党の方針として結ばれたものであった。クロウティエルはシナロア州の実業家で、全国レベルのいくつかの実業家団体の会長も務め、PRI独裁体制下でメキシコの民主化を模索する実業家・政治家として知られていた。1986年のシナロア州知事選挙でPRI候補に敗れたのち、この選挙の正当性に対する疑惑について『メキシコ国家救済のため運動』*を著している。その後も「沈黙の抗議デモ」を展開して88年大統領選挙の不正追及と票の再集計を要求し続けた。翌89年2月には「影の内閣」を結成し、同年10月1日に謎の交通事故で死亡するまで抗議運動の調整役を担った人物である。

なおPRIとPANが最終的に妥協した背景には、左派勢力の連合体FND候補のカルデナスが政権を担った場合に想定される諸々の事態について、PRIとPANが政党として検討したうえで取り引きしたことも明らかにされている。その背景にはデラマドリ政権が直面していたメキシコの経済危機と巨額の対外債務問題や市場主義経済への移行への障害など、当時メキシコが置かれていた状況への対応に苦悩するPANが選択したものでもあった。

2008年に出版された『1988年――システムがダウンした年』で88年の不正選挙を検証したベテラン新聞記者マルタ・アナヤの著作の中でインタビューを受けたカルデナスは、「88年の選挙で勝ったことを証明することは不可能か」という質問に対して、「投票箱の55%しか開票されず、45%はすでに燃やされてしまっている現在では、自分の立場でそれを証明することはできない」との冷静な答弁が返ってきたことが紹介されている。なお同書は、事件当時の大統領デラマドリ、その内務大臣バルトレットなど20年前の不正選挙関係者12名にもインタビューしている。インタビューに応じなかったのは、カルロス・サリナス元大統領や当時の選挙参謀であり後に首都メキシコ市長官に任命されたマヌエル・カマチョら5名であった。当時のメキシコ市長は、先に紹介したように大統領が任命する閣僚級ポストであり、メキシコ市民による直接選挙によるものではなかった。

サリナス大統領は、「コンピュータ・ダウンで不正に大統領となった」という汚名を払拭するかのように、選挙制度の改革に取り組んだ。内務省内に設立された選挙管理委員会による従来の選挙運営は、1994年に政府から独立した連邦選挙管理機構（IFE）へ移され、IFEは2014年に行政組織から完全に独立した国家選挙管理機構（INE）となっている。賛否両論あるものの、「サリナス革命」という表現が一部の人々の間で使用されているほど、サリナス政権の6年間は選挙制度の改革によって現代メキシコ政治の民主化の分岐点となった。

マルタ・アナヤ著『1988年――システムがダウンした年』の表紙

9章　「第四の変革」の目標

「第四の変革」とは、アムロ政権が掲げる「メキシコの在り方」を大きく変革しようとする一大改革のプログラムである。アムロのメキシコ史観によると、メキシコはこれまでに3つの大変革の時期を経験してきた。「第一の変革」は19世紀初期に武力で勝ち取ったスペイン植民地からの独立である。スペイン人を追放し、スペイン王室の植民地ヌエバ・エスパーニャ副王領をメキシコ連邦共和国という主権国家へ変えた変革である。

「第二の変革」は、1850年代から60年代にかけて自由主義勢力が達成した「レフォルマ革命」とも呼ばれる、植民地時代の伝統的な保守勢力を武力で打倒した自由主義革命である。とりわけ、植民地時代を通じて絶対的な権力を握り、政治・経済・社会を支配してきたカトリック教会が保持していた特権と富を徹底的に剥奪した一大変革であった。信教の自由が1857年の憲法に明記され、カトリック教会が保有する膨大な土地と礼拝堂を含む建造物が国有化され、その多くが売却された。

「第三の変革」は、1910年に勃発したメキシコ革命をさす。1876年に実権を握り35年間独裁体制を保持したポルフィリオ・ディアスを追放する武力闘争ではじまった革命運動である。メキシコの豊かな資源の開発を外国資本に委ね、国民の圧倒的多数を奴隷にも等しい貧困と虐待と抑圧の中に押し込めたディアス独裁政権を打倒した自由主義派の成功、それに続く農民と労働者の搾取からの解放、公平な社会の建設をめざした20世紀前半の大変革の取り組みである。

以上の3つの「変革」は、いずれも流血の武力闘争を経て実現された。またこれらのメキシコの内戦につけ込む外国の介入との戦いもあった。しかしアムロは、「第四の変革」が武力を伴わない改革を目指すものであるとし、「メキシコの在り方」を大きく変えることを約束している。なおアムロ大統領が週日の朝7時から9時にかけて開く定例記者会見の演壇の背後には、上の写真のように、左端から独立運動の英雄モレロスとイダルゴ、「レフォルマ革命」のベニート・フアレス、「メキシコ革命」の発端をつくったフランシスコ・マデロおよび農地改革と石油の国有化を実現したラサロ・カルデナスの肖像が常に大きく映し出されている。

「第四の変革」のシンボルマーク

「第四の変革」を目指すアムロの目標は、

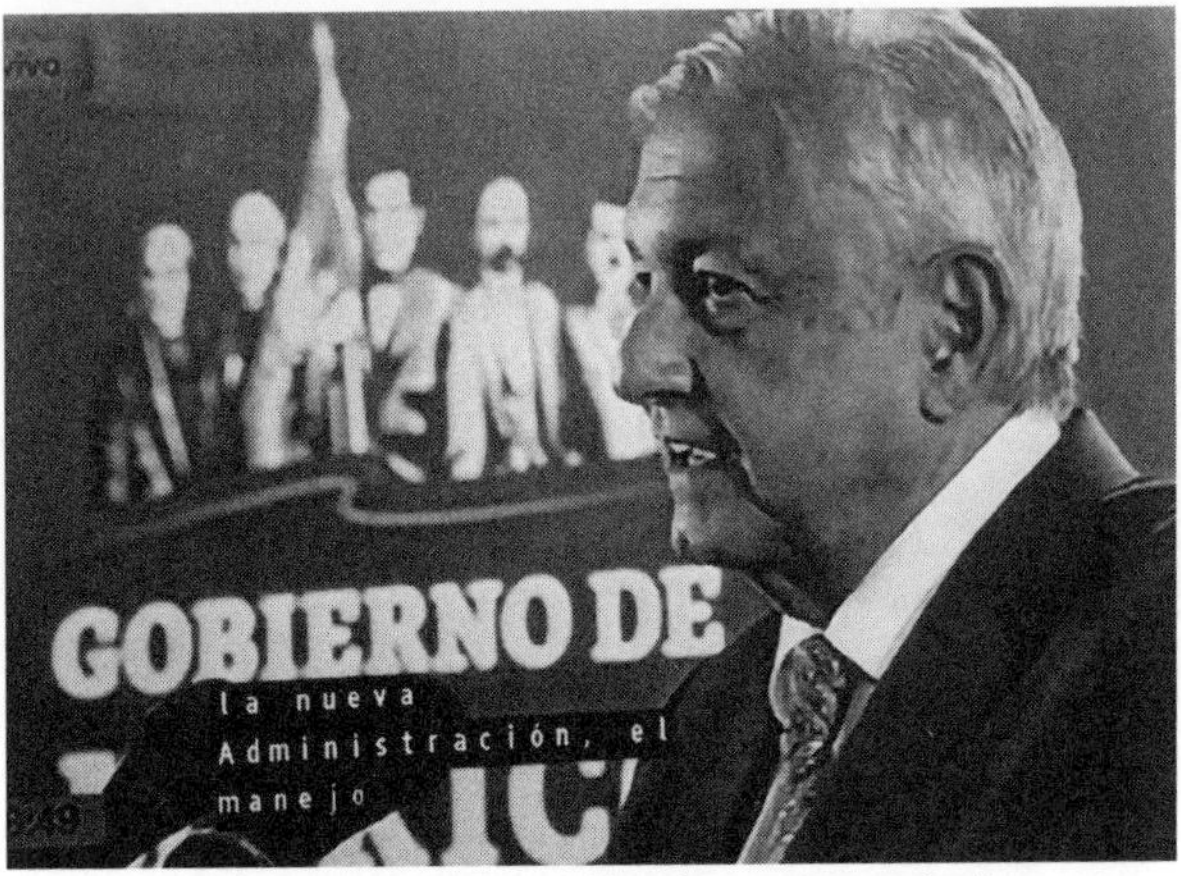

アムロの定例記者会見の様子（Foro 4 チャンネル）

「深刻な治安の悪化と貧困・格差社会および蔓延する公権力の汚職にまみれた状況」にあるメキシコの現状を正すことにある。アムロは、２０１８年６月29日の選挙運動最終日にメキシコ市内のアステカ・スタジアムでその決意を宣言した。そして７月１日の選挙に勝利すると、それらを実現するための政策を具体化していった。そして同年12月１日の大統領就任式で新政権が取り組むと公約した「１００の約束」が、「第四の変革」の具体的な政策目標となった。またアムロ大統領はこの就任演説の中で、「国民に嘘をつかない、国民から盗まない、国民を欺かない」ことを約束している。そしてアムロが取り組もうとする「第四の変革」は、過去の政治との決別であると同時に、「国民のための、国民自身による、メキシコの改革の取り組み」であることも明言している。国民の自覚を促す声明でもあった。

アムロが就任演説の中で明言した新政権が目標とする公約「100の約束」は、後述するように直ちに着手して完結できる種類のものから、麻薬組織による治安悪化の改善のような、先の見えない課題や国民の意識改革および将来への期待を含む項目まで幅広い。それらの実現可能性とテーマの目指す内容から、筆者は独自に次のような4つのグループにまとめてみた。分類できない項目も少なくない。あくまでも筆者の主観的分類である。

第1のグループは、新政権の発足と同時に政府の一方的な規制で実施できる項目である。連邦議会の上下両院で議席の過半数を占めているMORENAにはそれが可能である。そのほとんどは緊縮財政に向けたもので、次のような項目が含まれている。①公務員の職務の細分化による作業の重複の見直しと人員カット、②大統領の給与の6割カットと上級官僚および議員の給与の大幅カット、③公務員の海外出張の自粛と制限、④元大統領の終身年金制度および特権的待遇の廃止、⑤公費で購入する機器類の制限、⑥過度な高額調度品購入の禁止、⑦電気・水道・電話・ガソリン代等の節約、⑧上級官僚や国立大学教授などが享受してきた高額医療費までカバーする民間保険料の全額国庫負担の廃止、⑨大統領専用機と政府所有ヘリコプターの売却、⑩チャプルテペック森林公園内のロス・ピーノス大統領政庁府と都心部の憲法広場に面した国立宮殿の2カ所に分かれていた大統領官邸・政庁舎の統合、⑪ロス・ピーノスの建造物と庭園を多目的文化施設へ転換することなど、細かい項目が20以上含まれている。

この第1のグループでまとめた改革案は、国際機関から受けている莫大な対外債務削減のための緊縮財政として新政府が真っ先に手を付けた財政支出削減の一環であった。ペーニャ＝ニエト前大統領（任期2012〜18年）が購入した豪華な大統領専用機と政府専用ヘリコプターの売却は、関連する人員の大幅な削減にもつながる。大統領専属警護班の大幅縮小、そして大統領自身の月給の6割カットなど大統領府に関する経費の削減策は、アムロの決意を示すものであろう。

とりわけ大統領の給与の大幅カットは、これまで高給を食《は》んできた上級公務員の待遇を一方的に大幅削減することを意味している。それを実現可能にしたのが、「公務員給与に関する連邦法」に明記された「いかなる公務員も大統領より高給を得ることはできない」という条文である。議員と上級官僚の先進国並みの高額給与の大幅削減が合法かつ自動的に実施可能となるからだ。国民の60％が貧困層とされ（ＩＮＥＧＩの2018年統計）、1日の最低賃金が日本の都市部のアルバイトの時給ほどにもならない社会で、諸手当を含めた月収が日本の国会議員並みの手当と公私混同の公金の使い方が当たり前になっていた状態にアムロ政権は正面から切り込んだのだ。

しかし優遇・特権を享受してきた者たちがこのアムロ政権の改革に抵抗することは難しかった。なぜならさまざまなメディアでこの驚くべき特権の実態が暴露され、喧伝されたからである。ただし司法関係者は当初、給与が大統領より明らかに高額になるにもかかわらず激しく抵抗した。元大統領が受けてきた終身年金をめぐる問題は15章で紹介する。理由は、公権力がいかに特権を享受してきたかの証左として紹介したいからである。

第2のグループに分類したのは、特権階級の汚職につながる「モラル」に関する項目である。①公務員が500ペソ（約250ドル）以上の贈答品を受け取ることの禁止、②退職した公務員が現役時代に関わった民間企業に退職後10年以内に就職することの禁止、③公務員が警察・軍隊を私的に身辺警護に利用することの禁止、④官憲が正当な手続きを踏まずに市民の活動を阻止することの禁止（デモ行進の阻止などを含む）など、権力者側のモラル改善に関するものである。これらの項目はV部で取り上げる汚職文化の変革を目指すもので、特権階層から下層庶民に至るまで国民が公金を貪り取ることが当たり前になっているとアムロが言う「悪しき伝統」の是正につながるものである。

第3のグループは、長年にわたり差別され、困窮生活を続けてきた先住民および奥地村落で暮らす極貧層の人々の生活改善を目指す諸政策からなる項目である。「100の約束」の冒頭に挙げられた「長年にわたって抑圧と人種差別を受け続け、貧困の中で生きてきた、オリヒナリオとも呼ばれる〝原住民〟と貧困層全般の暮らしと将来に向けた生活環境の改善」に関わる項目である。具体的には、僻地医療施設の増設と改善、貧困層の子供の教育の公的負担の増大、貧民街の生活環境の改善、貧困高齢者に対する最低賃金に見合う年金の給付、小農や農民共同体エヒードへの農業支援政策など多岐にわたっている。なおエヒードとは、メキシコ革命の農地改革の成果である村落共有農牧地を意味し、ネオリベラリズム政策によって大半が放置されている。

それらのなかでも、とりわけ貧困層の家庭に生まれた子供たちが将来的に「貧困の連鎖」から抜け出せるように、幼児教育から高等教育に至るまで手当と奨学金を支給することが約束されている。また特筆に値するのは、新たな小商売を始める人々を支援する「少額クレジット」の供与政策などきめ細かい支援策にまで言及されていることである。煩雑な手続きなしで資金を貸し付け、経済的自立に向けた自助努力を支援する政策である。

また貧困層への各種給付金は本人に直接支給することが明言されている。これは従来の支援金の多くが連邦政府から州政府へ、さらに自治体へ、そして担当機関を通じて本人の手元に渡る過程で消えてしまう支払い方を大胆に変えるものである。ただしその実施については現時点では多くの難関が待ち構えているが、それらについてはⅤ部で紹介しよう。

第4のグループは、プロジェクトの完成が長期にわたる企画案である。新国際空港の建設、タバスコ州ドスボカスに建設予定の石油精製所建設、テワンテペック地峡の港湾施設の整備修復工事、大学新設100校計画、全国の最貧地域における診療所の設立、見放されてきた貧困地域の道路の整備、土地改良と農業開発のためのさまざまな支援策、鉱山地域の地元行政組織による鉱山開発企業への課税権、省庁の地方への移転などは、長期にわたる企画である。これらの政策を就任時に「100の約束」として公約したアムロ政権が、最初の1年間でどこまで実現させたかについては

12章で紹介する。

7月1日の選挙で圧勝したアムロと連邦議会上下両院で議席の過半数を占めたMORENAを中心とする3党による選挙同盟「ともに歴史を創ろう」が掲げた「変革の政治」への着手は、驚くほど迅速であった。閣僚候補には、すでに選挙前の2017年12月に「ドリーム・チーム」とも呼ばれる現在の構成メンバーに近い各分野の専門家たちが揃っていた。

13章のグラフ1（111頁）でみるように、2018年12月から20年5月までに実施されたエル・フィナンシエロ紙の世論調査によると、アムロ政権が発足した12月から翌19年3月までの、いわゆる「新政権と国民の密月期」とも呼ばれる最初の100日の支持率は80％台から70％台後半と高いレベルであった。この間、すでに紹介したようにガソリン不足と託児所閉鎖など市民生活を直撃した政策が取られていた。その後、支持率は概ね60％台を保っている。しかし他方で、不支持率が30％前後へと上昇した状況が続いており、反アムロ派の存在は確実に拡大・定着している。なお世論調査を通じて観るアムロの施政評価については、13章で紹介する。

10章　アムロ政権の閣僚たち

アムロ大統領が目指す「第四の変革」の各分野を担う閣僚がこれほどまでに各分野の専門家であることを知ると、日本の政治の在り方に慣れている読者は驚くに違いない。

アムロは政権発足に当たり、公約通り緊縮財政と大胆な省庁の統合廃止を明確に打ち出し、上級官僚の給与の大幅な引き下げ、重複する職務および過剰人員の整理を行った。このような人員削減と緊縮財政を実行に移したアムロ政権で重責を担う19名の閣僚集団の特徴を次に紹介しよう。

アムロ政権の第1の特徴は、「フェミニスト」アムロの積極的な女性登用である。政権が発足した時点の閣僚19名のうち8名が女性であった。しかし就任後、半年足らずで環境天然資源大臣のホセファ・ゴンサレスが辞任して新たに任命された大臣が男性となったことから、政権1年後の閣僚は男性12名・女性7名となり、閣僚に占める女性の割合は36・8％となった。連邦議会上下両院の議席の約半数を女性が占めている一方で、閣僚レベルでは3分の1強に留まっている。しかし後述するように、女性大臣たちは担当省庁のリーダーとしてのキャリアを備えた人材である。

もっとも女性だけが専門性の高いキャリア豊かな人材であるわけではない。男性大臣もその分野の専門家たちである。これが第2の特徴である。閣僚メンバーのすべてがそのキャリアを生かして担当業務に専念する専門家であることに、筆者は改めてアムロのカリスマ性とリーダーシップを感じた。

19名の中で国防大臣と海軍大臣は慣例通り現役軍人である。両者はそれぞれ陸軍大将と海軍提督の地位にある。メキシコの最高権力者は大統領であり、過去百年近い歴史の中で、クーデターは一度も起こっていない。軍部による政権奪取と武力による独裁政治が頻繁に出現したラテンアメリカ地域で、メキシコは「メキシコ革命」における武力闘争を経て１９２９年に創設された制度的革命党（ＰＲＩ）政権が２０００年までの71年間政治を独占し、多党政治の時代に入った21世紀においても文民統制の伝統は維持されている。

本部末尾の**表2**は２０２０年1月の時点におけるアムロ政権の閣僚リストである。副大統領を置かないメキシコの行政制度では、大統領に続く第2の権力者は、治安問題から人事に及ぶ広範な権力が集中する内務大臣である。オルガ・サンチェス内務大臣は、１８８４年に創設された内務省の初の女性大臣である。最高学府であるメキシコ国立自治大学（ＵＮＡＭ）で法律を学び、１９６８年の反政府運動「トラテロルコ学生運動」に参加した。法曹界ではリベラル派に属する。１９９５〜２０１５年の20年間、連邦最高裁判所判事を務めた。71歳という年齢を感じさせない行動力と説得力のある発言で知られ、人工中絶・対等な婚姻関係・嗜好品としてのマリファナ使用の合法化に賛成の立場をとっている。

外務大臣エブラルドは、メキシコ大学院大学の国際関係学部を卒業した後、フランスのパリにある国立行政学院に留学した。30代でPRI政権時代の連邦政府の管轄下に置かれていたメキシコ特別行政区の外務副長官を務めた後、メキシコ環境緑の党（当時の名称。現在のメキシコ環境主義者緑の光＝PVEM）から出馬して連邦議会下院議員に当選（任期1997〜2000年）。民主中央党を設立して2000年のメキシコ市長選挙に出馬を予定したが、PRD候補のアムロ支持にまわった。2002〜04年アムロ市長の下で首都警察庁長官、04〜05年には社会開発庁長官を務め、2006年の選挙でメキシコ市の3代目市長（任期2006〜12年）となった。国外で開催される会議には出かけないことを明言しているアムロ大統領に代わって、国家首脳が集まる国際会議に出席し、米国トランプ大統領との交渉も行っている。

市民安全保護省は、アムロ政権の発足と同時に内務省公安局が分離独立し、国内治安を担う省となったものである。ドゥラッソ大臣はメトロポリタン自治大学（UAM）法学部を卒業した後にUNAM土木工学部を卒業。政界との関係ではPRI党員として財務公債省と内務省で働き、2000年の政権交代でPANフォックス大統領の秘書を務め、06年にアムロの政治活動に参加したという、党派を超えた経歴を持っている。

財務公債大臣のポストを就任8カ月でやめたウルスーアの辞任の理由は、本人の言葉によれば、

定例記者会見の場で「メキシコにおける女性と女児の無傷・安全・生命を保障するための緊急行動」政策を説明するサンチェス内務大臣（©Sitio oficial AMLO）

経済政策に関する大統領との見解の相違であった。

ウルスーアはメキシコの名門私立大学モンテレイ工科大学（ITESM）数学科を卒業。同大学で修士課程に進み、のち米国ウィスコンシン大学で経済学博士号を取得。世界銀行や国連ラテンアメリカ・カリブ経済委員会（CEPAL）に勤務した経歴のある経済学者である。その後任となったエレーラ＝グティエレスは、ウルスーア大臣時代の財務公債副大臣である。メキシコ大学院大学の経済学修士課程を修了した後、米国ニューヨーク大学で経済学博士号を取得し、メキシコ大学院大学やニューヨーク大学で教鞭を執ったことがある。アムロのメキシコ市長時代後半の2004〜06年にメキシコ市政府の財政庁長官を務めている。

この財務公債大臣交代前に大臣が代わったのが環境天然資源大臣である。最初に就任したゴンサレス＝ブランコは、名門私立アナワク大学法学部で修士号を取り、米国カリフォルニア州のジョン・F・ケネディ大学で公共行政修士号を取得している。政治活動の経験はないが、メキシコ南部チアパス州で自然保護活動を起こし、エコパークをつくり、他にも同州内の森林保護活動や文化活動を支援している。財務大臣、労働大臣、内務大臣を輩出した政治家一族の出である。辞任した理由は空路の便が遅延したために重要な会議に間に合わなかったことの責任をとったものだとされる。代わって大臣に就いたトレドは、いくつもの学術賞を受賞しているＵＮＡＭの著名な生態学者で、とくに環境問題および先住民と自然環境の関わりに強い関心をもつことで知られている。

福祉省（旧社会開発省）のアルボレス＝ゴンサレス大臣は、チャピンゴ自治大学農工学部を卒業したのち農業開発の事業に関わった専門家である。とくにプエブラ州の北部山間部の先住民村落で10年以上にわたるプロジェクトを指揮した経歴を持つ。

エネルギー大臣ナーレ＝ガルシアは、サカテカス自治大学で石油工学を学び、さらにＵＮＡＭで化学工学を学んだ後、１９８９～92年にはベラクルス州のメキシコ石油公社（ＰＥＭＥＸ）に勤務した。１９９０年代に民主革命党（ＰＲＤ）の党員となり、２０１５年にベラクルス州から国家再生運動（ＭＯＲＥＮＡ）の連邦上院議会議員として政界に入った。

経済大臣マルケス＝コリンは、ＵＮＡＭ経済学部を卒業した後、メキシコ大学院大学で経済学修士を取り、ハーバード大学で経済学博士号を取得した研究者である。いくつかの大学で教鞭を執ったが、政治活動の経験はない。

農業農村開発大臣ビリャロボス＝アランブラは、チャピンゴ自治大学農工学部を卒業し、PANフォックス政権時代に農業天然資源省の副大臣を務めた。米州農業協同組合研究所の所長を務めたことがあり、遺伝子組み換え農作物の栽培に反対の立場をとる人物である。

通信運輸大臣ヒメネス＝エスプリウーは、UNAM理工学部電気工学科の教授である。デラマドリ政権（1982～88年）で通信運輸副大臣を務め、破産した航空会社メヒカーナの社長を1年引き受けたことがある。

公共行政大臣サンドバルは、UNAM経済学士号とメトロポリタン自治大学（UAM）社会学士号を持ち、さらにUNAMで政治学修士号を取り、米国カリフォルニア大学で政治学博士号を取得。UNAMの汚職・透明化・資料分析研究所の研究員を長年務め、メキシコ市が連邦政府の特別区から州に準じる自治権を有する自治体となったときメキシコ市憲法制定議会に議員として参加した、行政と汚職・犯罪学の研究者である。

公教育大臣のエステバン・モクテスマは、UNAM経済学部を卒業し、イギリスのケンブリッジ大学の政治学修士号をもつ。セディリョPRI政権時代に内務大臣と社会開発大臣のポストに就き、のち連邦議会上院議員を経て2006年のPRI大統領候補の選挙対策委員長を務めた。

保健大臣アルコセル＝バレラはUNAM医学部を出た外科医で、国立医療栄養研究所に勤務し、

２０１５年に国家科学芸術賞を受賞した、保健省の名誉研究員である。

労働社会予防大臣アルカルデ＝ルハンは、35歳という最年少閣僚だが、18歳のＵＮＡＭ法学部学生時代に政治活動を始めている。２００６年の大統領選挙で敗北したアムロの「不正選挙」に抗議する一連の活動に参加し、のち米国カリフォルニア大学バークリー校の大学院で行政学修士課程を終えて帰国。ポンシアノ・アリアガ法律大学で教鞭を執りながら、２０１１年に結党されたＭＯＲＥＮＡの青年部代表として活動し、翌12年の連邦議会選挙では市民運動（ＭＣ）から立候補して当選した。下院（12～15年）では専門の知見を活かして労働社会予防委員会の委員長を努め、メキシコの最低賃金の抜本的改革を訴え続けた。低所得層労働者の賃金問題と取り組み、「アムロ政権の顔」の一つとなっている。

農地国土都市開発大臣メイエール＝ファルコンは、ＩＴＥＳＭ建築科を卒業後スペインのカタルーニャ工科大学で都市創生改造学科の修士号を取得。メキシコに戻ってイベロアメリカ大学で教鞭を執る傍ら、メキシコ市の再開発や都市交通政策に関わり、さまざまなメディアで発言してきた研究者である。

文化大臣フラウストロ＝ゲレロは、ＵＮＡＭ法学部卒の法律家で、アムロのメキシコ市長時代にメキシコ市の文化行事で采配を振るい、ソル・フアナ修道院文化普及局長およびゲレロ州文化研究所の所長を務めた人物である。

観光大臣トルーコ＝マルケスは米国コーネル大学観光科を卒業した後、全国商業サービス観光会議所の副会長を2期務め、マンセラ市長時代（2012～17年）にメキシコ市観光庁長官を務めた。

以上で紹介した各大臣の略歴から、アムロ政権の第3の特徴が浮かび上がる。それは、党派に固執しない、政界外からのリベラルな人材の登用である。MORENAの忠実な党員という縛りはなく、閣僚の多くが政治家としての経歴を持っていない。政治家一筋に歩んできた少数派の代表的な例は、市民安全保護大臣ドゥラッソと公教育大臣モクテスマである。しかも2人ともMORENAとは真逆の制度的革命党（PRI）政権や国民行動党（PAN）政権時代に閣僚ポストに就いていた。それらがアムロのイデオロギーにこだわらない志向からくるものか、アムロの独裁的権力の強さを示すものなのだろうか、現時点では筆者には分からない。

確かなのはいずれの閣僚も、担当分野の専門家であることである。19名のうち8名が大学院教育を受けている（博士号4名、修士号4名）。軍部大臣2名を除くと閣僚の約半分は大学院で現職に関係する分野の教育を受けた専門家である。残りの学部卒の閣僚のほとんどもメキシコの大学トップ10に入る名門大学で学んでいる。記者会見などでの発言を聞いていても、その専門的知見からの説明には説得力があり、メキシコと日本の彼我の差に驚嘆せざるを得ない。ただし、就任1年目の閣僚としての評価が「変革の政治」の実現に貢献できる保証とはならないのが政治の世界であろう。

表2　アムロ政権閣僚名簿（2020年1月1日時点）

省　名（略称）	大　臣　名	年齢
内務省（SEGOB）	①オルガ・**サンチェス**=コルデーロ*	71
外務省（SRE）	②マルセロ・**エブラルド**	59
国防省（SEDENA）	③ルイス=クレセンシオ・**サンドバル**	58
海軍省（SEMAR）	④ホセ=ラファエル・**オヘダ=ドゥラン**	64
市民安全保護省（SSPC）[1)]	⑤アルフォンソ・**ドゥラッソ=モンターニョ**	64
財務公債省（SHCP）	⑥カルロス=マヌエル・**ウルスーア=マシアス**（辞任）	63
	—アルトゥーロ・**エレーラ=グティエレス**	51
福祉省（BIENESTAR）[2)]	⑦マリア=ルイサ・**アルボレス=ゴンサレス***	42
環境天然資源省（SEMARNAT）	⑧ホセファ・**ゴンサレス=ブランコ***（辞任）	53
	—ビクトル=マヌエル・**トレド=マンスール**	73
エネルギー省（SENER）	⑨ノルマ=ロシオ・**ナーレ=ガルシア***	54
経済省（SE）	⑩グラシエラ・**マルケス=コリン***	53
農業農村開発省（SADER）[3)]	⑪ビクトル・**ビリャロボス=アランブラ**	68
通信運輸省（SCT）	⑫ハビエル・**ヒメネス=エスプリウー**	81
公共行政省（SFP）	⑬イルマ=エレンディラ・**サンドバル=バリェステロス***	46
公教育省（SEP）	⑭エステバン・**モクテスマ=バラガン**	64
保健省（SALUD）	⑮ホルヘ=カルロス・**アルコセル=バレラ**	72
労働社会予防省（STPS）	⑯ルイサ=マリア・**アルカルデ=ルハン***	31
農地国土都市開発省（SEDATU）	⑰ロマン=ギリェルモ・**メイェール=ファルコン**	35
文化省（CULTURA）	⑱アレハンドラ・**フラウストロ=ゲレロ***	不詳
観光省（SECTUR）	⑲ミゲル・**トルーコ=マルケス**	67

注）1．*印は女性大臣。年齢は2018年末時点。
　2．1）直訳名称。SEGURIDADとも略される，旧公安省。
　　2）前社会開発省（SDS）より名称変更。
　　3）前農業・牧畜・農村開発・水産・食料省（SAGARPA）より名称変更。
　　4）大臣名の前の丸数字は117頁の写真の人物番号を指す。
出所）筆者作成（省庁名はLey Orgánica de la Administración Pública Federal 2018に基づく）

III部　アムロ政権初年度の実績と評価

11章　定例記者会見を通じてアムロ大統領を観る

大統領就任後のアムロは、平日朝7時から9時までを定例記者会見の時間としている。「国民への情報公開の場」と位置づけたこの記者会見では、政府が取り組む政策の内容と意図について政府側が記者団に説明し、質疑応答が行われ、その全貌はテレビで放映される。情報革命のおかげで、この時間帯にテレビを見ることのできない人でも、どこでも、いつでも、ネットの動画配信で繰り返し見ることができる。エル・ウニベルサル紙のアンケート調査によると、回答者の40％がこの定例記者会見を何らかの手段で見ているという。エル・フィナンシエロ紙の毎月実施される世論調査（以下、月例調査）では、2019年8〜12月の5カ月を通じて「評価する」が50％台で、否定的な回答は16〜22％に留まっていた。約3分の1は評価を保留している状態だ。

2018年の総選挙とアムロ政権の成立に関心を持った筆者は、主要新聞による報道記事と評論家や政治学者の論評に目を通すと同時に、テレビで生中継されるこの記者会見を自分の目で確かめてみようと考えた。その最大の理由は、筆者の身近な中間層のほとんどが反アムロ派だからである。そこで2019年9〜10月の2カ月だけは、毎朝7時からテレビの前に座って観た。以下は、テレ

Foro 4チャンネルでアムロ大統領の定例記者会見を観る

ビで生中継された記者会見を観続けた筆者の感想であるが、端的に感想を述べるなら「疲れた」の一語に尽きる。

大統領政庁内で平日の朝7時に始まる定例記者会見は、ほぼ定刻に始まり、2時間前後続く。短い政府広報が8時に入るが、コマーシャルは一切ない。大統領が単独で記者会見に臨む割合は2割ほどで、テーマによって1～2名から5～6名の関係閣僚や専門家が同伴して登場した。彼らは椅子に座って大統領からの指示を待つ。一方、これらの専門的な説明中でも大統領は報告者のそばに立ったままで、絶対に座らなかった。まず大統領用の椅子が置かれていないのだ。明らかに大統領が風邪気味だった時にも、記者会見は通常通り行われた。1回だけ30分近く開始が遅れたことがあった。それは、記者会見前の6時に始まる治安問題閣僚会議が緊急事態の発生で長引いたときである。

記者用に80個ぐらいの移動式簡易椅子が置かれ、毎朝60～70名の記者とカメラマンたちが出席した。テーマにもよるが、概ね緊張感のある舞台を観るようであった。そして継続して2カ月観続けた結果、それまで断片的にニュースで見てきた大統領の弁舌口調・表情・記者団と国民への眼差しなどに関する筆者のもっていた印象が大きく変わった。

アムロ大統領は、筆者のそれまでのイメージであった「独善的で、権力に執着する権威主義的政治家」から、「メキシコの改革を切に願う、正直な政治家」へと変わった。政策を理解してもらおうとする姿勢は、記者団だけでなく国民に向けられている。質問への対応は丁寧で、鋭い非難めいた質問に対しても一方的な反論より、内情の説明という雰囲気であった。答え難い質問に対しては、真剣な表情が困惑に変わり、現時点ではここまでしか実態を知らないし、答えられないと言ったこともあった。公約通り、「正直」で「国民に嘘をつかない」という姿勢を保っているようだった。

メディア側の質問が事前に伝えられていることはないようだ。しかしどのような質問に対しても大統領としての見解を明確に伝えようとしている印象を筆者は受けた。9時前後には、手を挙げている多くの記者たちに、明朝の優先的指名を約束して席を立つ。9時に終了するはずのこの記者会見が、15分から20分も延長になることも珍しくなかった。印象に残ったいくつかの場面を紹介しよう。

貧困層の自立に向けた「マイクロ・クレジット」プロジェクト創設が主なテーマであった日の会

場には、福祉大臣が登場した。利子も書類も不要な少額クレジット貸付の簡略化された手続きにはじまり、3カ月ごとに貸付額を引き上げ、民芸品の販売や食事を提供する、ささやかな商売を始める貧困層の自立に向けた支援策の内容が紹介された。先進諸国が開発途上国の貧困層の自立を助けるプロジェクトと同じ発想である。すでにそのニーズについて全国的な調査を済ませており、マイクロ・クレジットを求める供与対象者の70％が女性であるという追加説明が大統領からあった。返済しない者がいても、それは織り込み済みのプロジェクトであるとされ、貧困問題の解決は政府だけでなく国民自身も自らが取り組むべき課題であり、国民の自覚を促したいのだと大統領は追加説明した。別の日の「貧農の救済と地域開発による格差是正策」がテーマの日には、経済大臣が45分におよぶ政策内容を説明し、つづいて大統領の簡単な政策目的が語られた後、1時間以上にわたって大臣と大統領は記者団の質問に応えた。

記者会見を通じて筆者が初めて知ったことは、アムロ大統領が地方の事情全般に精通していることである。政権を執るまで長年にわたって全国を行脚し、講演活動を通じて蓄積した現場感覚は、地方紙記者のそれに匹敵するほどである。大統領の知らない特定の地域が抱える問題では、地方紙の記者の説明に耳を傾け、問題を理解しようとする姿勢が伝わった。1人の記者の説明に10分以上の時間を割いて真剣に聴く表情は印象的であった。そしてどのような手順を踏んで対応できるかを検討したい旨を伝え、メキシコ国民が直面している問題を共有し、解決に向けて努力をしようとする大統領の意志が感じられた。

しかし他方で、メキシコ政界の内部事情に関するテーマでは、攻撃的な姿勢を感じる時もあった。40年近く政治家として活動してきたアムロは政界の内部事情に詳しい。それは時として権力闘争の醜悪さの一端を見せた。このようなときのアムロ大統領の記者団への応答は、長い「語り」になる傾向がある。メキシコ人にとってはくどい説教であろうが、筆者には興味深かった。

アムロ大統領はメキシコの歴史にも非常に詳しい。著名な文人・歴史家であるエンリケ・クラウセが、アムロを「歴史学者でもある政治家」と呼んだほどである。記者団への応答でもくどすぎるほど詳しい歴史談義が時々あった。このようなときはメキシコ史の授業を受けているようだった。国民一般が自国の歴史に無知だと思っているようにさえ感じられた。

アムロはまた、最高の意志決定権者であることの責任感を明確に意識している。2019年の10月に発生した後述する、麻薬カルテルに関わる「クリアカン事件」に関して、記者団から政府側の「作戦の失敗」の責任追及がなされた時である。「事件」についてはⅣ部で紹介する。確かに政府側の情報伝達に問題があったようだが、アムロ大統領は自分の指揮下でとられた作戦であるとして、「作戦の失敗」の全責任は自分にあると明言した。表面的な言葉だけの「責任」ではなく、国民のための政治を担っている重責を意識していることを感じた。この事件は半年以上にわたる麻薬カルテル幹部逮捕作戦の展開過程で発生したもので、「武力行使はせず、犯罪組織と交渉しない」という大統領の公約に反して、現場の指揮官が市街戦へと発展することを懸念して捕獲した麻薬カルテルの一味を交渉で解放したものである。シナロア州都クリアカン市街地を銃撃戦に巻き込むほどの危機的状況の中で現場がとった決断を大統領が追認する形となった。麻薬カルテル間の武力抗争だけでなく治安全般が悪化の一途を辿る状況に対するアムロ政権の治安対策の不十分さが露呈したと言うべきか、武力行使をしないで麻薬カルテルを説得できると考えることの甘さが非実現的であったと言うべきか。翌11月に行われたエル・ウニベルサル紙の世論調査で、治安対策に関する「評価しない」の52％に対して「評価する」は26％にまで落ち込んだ。

定例記者会見を観続けていると、「メキシコが必要とする改革の裏には必ず汚職と腐敗がある」こと、アムロにはこれと「断固として戦う決意がある」ことが言葉と表情からわかるような気がした。汚職に関するテーマはV部でとりあげるが、アムロが「権力マフィア」と呼ぶ多くの政治家の腐敗と汚職が犯罪組織や企業と深く関わっており、それを当たり前のように黙認してきたメキシコ社会の、後述する「伝統文化」を断固拒否する、アムロの固い覚悟があることが分かるような気がした。少数の人々が不正な手段で莫大な富を得る一方で、国民の大多数が貧困層に陥ってしまった、過去30年間のネオリベラリズム経済政策へのアムロの厳しい批判も理解できるような気がする。この定例記者会見を、政治学者の中には「大統領専用のTV番組」と酷評する者もいるが、これは「第四の変革」に国民の参加を促すアムロ政権の広報活動である。あるベテラン記者によると、アムロ大統領の定例記者会見は世界的にみても異例で、国民の心を掴む手段であるという。「アムロ大統領は1日20時間働く」という側近の話もあるが、大統領のタフな勤務スケジュールには驚かされる。64歳の大統領自身の健康管理と精神力のタフさにも感嘆するが、なにより国民との対話を大事にする意志を感じる。公約どおり国外へは出かけないが、週末には必ず地方へ視察に出かける。地方視察には、政策策定に必要な現状視察という課題がある。地域医療施設の改革のための現状視察という目標を定めた期間では、週末2日間に3～4カ所の小さな診療所を観て廻った。毎週末の地方視察に同行する記者団は政府招待ではない。自費で行かねばならない。大統領自身も民間機で出かける。

前述した記者は、毎朝7時に始まる記者会見に合わせて1日を始めるのは楽ではないが、出席せずに記事を書くことはできないとも言った。他方で時間の無駄が多く、政府の見解や政策目的を国民に伝達するだけなら定例記者会見は時間を大幅に削減できるようにさえ思えるが、リーダーの真剣さと熱意を「感じる」という観点からすると、現状の定例記者会見は十分にその役割を果たしている。実際エル・フィナンシエロ紙の継続的な世論調査によると（111頁グラフ1参照）、初年度のアムロ政権は年間を通して65％台以上の支持を得ていた。

アムロは、長い政治家生活を通じて「大衆に向けて語ること」の重要性を熟知している政治家である。雄弁家であることがエリートの条件の1つであるメキシコ社会で、定例記者会見でみるアムロは決して雄弁家ではない。しかし庶民が理解できるような話し方をする。そして「語ること」が好きなのだと思う。記者会見は、テーマによっては大統領の独演会となり、辛抱強く聞いていないと飽きてしまうくらい饒舌な場面もあった。そのようなときの話は、教師が生徒に向かって「語るような内容」であることが多い。話し方は率直で、表情も豊かである。どちらかというと優しさを感じさせる。笑いを誘うようなときの大統領の表情は「好々爺」といった表情になる。怒りを爆発させるような場面を筆者はまだ見ていないが、厳しい表情を見せるときは苦悩をにじませているようにも思われた。ときには大統領が使用するにはふさわしくない低俗な言葉を使ったりもする。

アムロはフェミニストでもある。細かい実務には男性より女性の方が長《た》けていると幾度も言及したことが印象的だった。公金がさまざまな政策の実施過程で消えていくような話題になると、「監査役に女性を任命したい」旨をしばしば述べた。しかし記者会見に出席する多くの女性記者たちを特別扱いすることはなかった。

12章　アムロ政権1年目の実績

アムロ大統領は、2018年12月1日の就任時に「100の約束」を政策目標として提示した。それから1年後の2019年12月1日の大統領教書で発表した自己評価では、9章で紹介した公約「100の約束」のうち89項目がすでに実行され、残りの11項目が進行中であると述べた。

「実行」の基準をどこに置くかにもよるが、この自己採点は非常に甘いと筆者は考えている。エル・フィナンシエロ紙の19年12月の世論調査でも（詳細は13章参照）、治安・汚職・経済・貧困・教育・医療福祉における政策を「評価する」と答えたのは、治安を除いた5分野でそろって40%～50%であった。それまでは「評価しない」が圧倒的に多かったことからすれば進歩ではあるし、どの分野も1年で成果を出せるようなものでないことは明白であるが、国民の評価は全体として厳しかったと言える。

ただし、アムロ政権が目指す改革のいくつかは驚くほどの速さで実現されてきた。内外の政治評論家たちがそのスピードに危機感さえ覚えるほど、あるときには強引とも思える手法で公約が実施に移された。1年間だけの施政では評価できないものも少なくないが、確実に成果を出したものに次のようなものがある。

最初に取り組まれたのは、「100の約束」の中でも最重要課題の1つであった緊縮財政関連の項目である。まずそれらに含まれたいくつかは、大統領就任前の11月にすでに実現した。新政権の発足に先立ち9月1日に開会された連邦議会で、政権与党となった国家再生運動（MORENA）が提案した「公務員給与に関する連邦法案」が成立し、11月5日に官報に掲載され、即施行されたからである。これにより選挙戦の目玉であった「大統領の給与6割カット」を含む連邦政府が支払う上級公務員および議会議員を対象とした給与および諸手当に関する新しい給与体系が実現した。

ここでいう上級公務員とは、立法（議員）・司法（裁判官）・行政の管理職以上の公務員を指し、労働組合に加入している下級一般職の公務員は含まれていない。なお、メキシコには外交官や国防・警察関係の幹部候補の採用試験を例外として、日本における公務員の採用試験と終身雇用制度はない。近年では公募が多くなった印象もあるが、公的財源から給与が支給される広い意味での「公務員」は、友人・知人・有力者による口利きや縁故関係による雇用が中心である。その結果、政権が交代すると職員の多くが入れ替わるのが普通である。

上記の「公務員給与に関する連邦法」が定めた上級職公務員の給与・諸手当の大幅削減と大統領終身年金の廃止をめぐっては、さまざまな抵抗があった。「いかなる公務員も大統領の給与以上を得てはならない」とする33条によって、大統領の給与6割削減が自動的に一律大幅カットにつながったからである。司法公務員（裁判官）が最も根強く抵抗した。また「大統領終身年金」の全面的廃止では、フォックス元大統領（任期2000～06年）が抵抗し、「政府を嘲り、誹謗する」言動がメディアで広く流された。このようなさまざまな特権者たちの抵抗のおかげで、政治家や上級公務員たちが驚くような高給取りであったことを国民は具体的に知ることができたともいえる。軍部上層部の給与も同様に削減された。しかしこの大胆な「コストカット政策」によってアムロ政権が覆されるような事態は起こらず、世論調査では次章のグラフ1（111頁）でみるように、政権発足から翌々年1月までの14カ月間、国民の安定した支持を受けていたことが分かる。

緊縮財政に向けての第2弾は、大統領就任式当日の12月1日に施行された公約である。最も象徴的な事例は、チャプルテペック森林公園の中のロス・ピーノスと呼ばれた大統領府政庁舎がメキシコ市中心部の憲法広場に面した国立宮殿に移転統合されたことであろう。国民に開放されたロス・ピーノスの建物群と広大な庭園は、将来的には多目的展示場・公演会場・博物館などを中心とする文化センターになる予定である。米国のホワイトハウスの14倍の敷地面積を有し、超豪華な大統領府政庁舎であるという噂が高かった所である。国民に開放され初日12月1日には、ロス・ピーノス見学に長い列ができた。

このロス・ピーノス大統領府政庁舎と国立宮殿の統合は、アムロが決断した大統領の給与6割カットと並ぶ緊縮財政の「ランドマーク」である。ロス・ピーノス大統領府政庁舎の警護担当武官

480名の大半は所属部隊に戻り、大統領府職員の人員も大幅に縮小された。その結果、大統領府の2019年の予算は前年比で約13％減となり、さらに翌20年の予算案では19年の41％減という大幅な予算削減となっている。

さらに、即実施された公約の多くは貧困層に向けたものであった。毎年1月1日に改定される最低賃金は公約通りに大幅に引き上げられた。これまで全国一律であった最低賃金が国境地帯とその他の地域の2つに分けられ、前者の2019年の最低賃金は172・72ペソ、後者は102・68ペソとなった。後者の引き上げ率は16％である。続く20年の引き上げ率も20％であり、法定最低賃金は物価上昇率を大きく上回って2年連続で引き上げられた。各年度の法定最低賃金は「一般」と「職種別」という一覧表となって公開されている。ただし最低賃金の大幅引き上げという公約が実行されても、労働者の半分以上がインフォーマル経済部門で働く社会では、どこまで下層労働者に恩恵をもたらしたかは不明である。筆者の下宿先で働く家事労働者の時給は変わっていない。

貧困層に支給される各種給付金も、公約通り実施された。対象者は、最低賃金の2～3倍以下、すなわち月収にして5千～1万ペソ（約250～500ドル）の収入で暮らす層である。これは親子4人が都市部で暮らすにはぎりぎりの収入しかない層である。夫婦2人がフルタイムで働いて子供を辛うじて公立学校に通わせることができるレベルだ。

まず、高齢者への福祉年金は、無年金者であるか月1092ペソ以下の収入しかない65歳以上の高齢者に連邦政府が支給するもので、２０１９年の年金額はそれまでの月額５８０ペソが１１６０ペソへ、公約通り2倍に引き上げられた。同時に年金制度の本格的な改革の取り組みが開始された。その背景には少子高齢化社会の到来と年金受給者の増加により、現在の年金制度の抜本的改革が急務になっているからである。

若者世代の困窮者に対する支援政策もアムロ政権の公約の1つであった。「ニィー・ニィー族」、すなわち「学校にも行かず、働くこともしない」18～28歳の若者に対して、高等教育を受けるか職業訓練を受けるための支援政策である。手続きはインターネットで申請できる。はじめは本人に直接支払われるために銀行口座が必要であったが、電子マネーで受けとることもできるようになった。学費が実質無料である国立大学の学生にも一定の条件を満たせば支給される。筆者の下宿先の小部屋に住む地方出身の医学部女子学生がその手続きの容易さを説明してくれた。２０１９年に対象となった若者は30万人であった。

アムロ政権の初年度の実績を、予算執行面からみると次のようになる。大統領府と同様に2年連続で予算を削減された省庁は、農業農村開発省（対前年比で２０１９年21％減、20年19％減）と通信運輸省（同21％減、18％減）、経済省（同5％減、31％減）、内務省（同6％減、20％減）、財務公債省（同6％減、15％減）となっていた。

予算を2年連続して削減されたこれらの省とは対照的に2年連続して増額されたのは、福祉省

（2019年の前年比17％増、20年の対前年比39％増）、公教育省（同7％増、8％増）、エネルギー省（同78％増、1002％増）、保健省（同0・5％増、5％増）、国防省（同16％増、0・4％増）であった。配分総額が2桁違うエネルギー省の20年度予算が前年度の10倍になった背景には、石油資源の独自開発や電力増産に向けた公共投資などの新たなプロジェクト計画に予算が付いたからである。

以上のようなアムロ政権1年目の財政支出からみる特徴は、大幅な緊縮財政の中で教育および社会福祉に対する配分を、公約に沿って重点的に行われたことであろう。2019年の財政支出は前年度の13％減であったが、20年度予算の各省庁に配分された支出では削減され過ぎた省への復活が認められているものの、総額として41％減となっている*。

このような緊縮財政によって予算を大幅に削減された省庁からは反対と抗議が少なからずあった。しかし豪華すぎると批判のあった大統領専用機と政府専用ヘリコプターの売却や大統領の警護要員の大幅縮小と専用機を手放した大統領が民間機を利用するなどの情報はメディアを通じて国民に周知されており、大々的な反対運動ができない雰囲気がある。アムロ大統領の常套文句である「貧しい国民と金持ちの公務員」という現状を是正するには時間が必要であろうが、大統領としての采配1年目の実績は拙速であっても国民を大規模な反政府運動に追い込むことはなかった。

アムロの「独善的な企画」としてはじめは広く国民から批判された政策のほとんども着手され、

世論調査をみる限り国民の過半数に受け入れられている。その代表的なものは国家警備隊（GN）の創設である。この公約は当初警察を「軍隊化」するものとして批判する声が強かった。とりわけ2018年が「トラテロルコ事件50周年」にあたったため、当時の大学生を中心とする反政府デモを武力で弾圧した警察と軍部によって1300名以上が逮捕され、数百名の死者を出した歴史の記憶が広く甦ったこともあろう。しかし国家警備隊設置法案は議会を通り、憲法が改正され、関連法が制定されて設立された。初年度はとりあえず国防軍と連邦警察から移籍した1万5000人の要員で形成されたGNが麻薬カルテルに絡む凶悪事件が多発する地域に派遣されるところまで実現している。同時に隊員の募集が行われてもいる。しかし最終的に15万人から成る精鋭部隊が市民生活を守る機能を十分に備えた組織になるには少なくとも数年を要しよう。エル・フィナンシエロ紙の2019年8月〜12月の世論調査では、56〜67％がGNを評価していた。

先に紹介した貧困層を対象とした多様なプロジェクトは、エル・ウニベルサル紙による1年後の実績評価では断トツに高い評価を受けた。しかしエル・フィナンシエロの世論調査では1年後の評価は40％で、「評価せず」を初めて上回っていた。

予算の配分が確保され、貧困層の高齢者向け福祉年金支給や貧困家庭の子供の教育を支えるいくつものプロジェクトが早々にスタートし、働く母子家庭への養育・医療・学費援助、貧困家庭の若者の高等教育修学支援、農業開発と環境政策を兼ねた貧農対策などの政策が着手された。しかしどの視点で評価するかで世論調査に大きな差異が出ることもある。なおエル・フィナンシエロ紙の世論調査において貧困・教育・福祉部門の実績評価が否定から肯定に転じたのは、２０１９年後半に入ってからであった。

以上で紹介したような政策の実施にあたって、初年度に頻発したのは手続きの混乱であった。連邦政府から支給される給付金を受け取るためには原則として銀行口座が必要である。その理由は、すでに紹介したように、従来型の方法では受取人の手に渡る前に公金の多くが消えてしまうことから、該当者への直接支給という方法がとられたからである。申請はインターネット上で簡単に行えるし、個人の銀行口座に直接振り込まれるはずであった。問題は、貧困層の高齢者や若者の多くは銀行口座を持っていないことである。このような実情をふまえると、アムロの「第四の変革」に向けた取り組みを評価しながらも、拙速すぎるという批判は間違っていない。しかし政府は銀行口座を持たない庶民も給付金を容易に受け取れる仕組みを構築中でもある。２０２０年には何らかのシステムが出来上がるのではないだろうか。

13章　アムロ政権と世論調査

山ほどある各種世論調査がどのように実施され、どこまで信用できるのかという問題を考えずにこのテーマをまとめることはできないことを、筆者は十分に理解しているつもりである。しかしそれを検証する力を持ち合わせていない。以下では、実施された世論調査の結果と筆者が理解できた実態とを比較しながら、アムロ政権をメキシコ国民がどのように受け止めているかを私見としてまとめてみようと思う。

メキシコで発表される世論調査の種類は数多い。主なものだけを取り上げても、国立統計地理院（ＩＮＥＧＩ）、主要新聞（『レフォルマ』、『エクセルシオール』、『エル・ウニベルサル』、『ラ・ホルナーダ』、『ミレニオ』、『エル・フィナンシエロ』など）・テレビ局・民間の調査機関などが実施するものがある。それらの中で毎月調査を継続しているエル・フィナンシエロ紙と３カ月ごとに調査を実施するエル・ウニベルサル紙を中心にして、国民のアムロ政権評価を、まず紹介しよう。なお、前紙は全国主要経済紙で、１９８１年創刊、発行部数９万余部、庶民が日常的に読むタイプの新聞ではない。後者は、現在メキシコで発行されている新聞の中では１９１６年創刊という最も長

グラフ1　アムロ大統領に対するエル・フィナンシエロ紙の世論調査

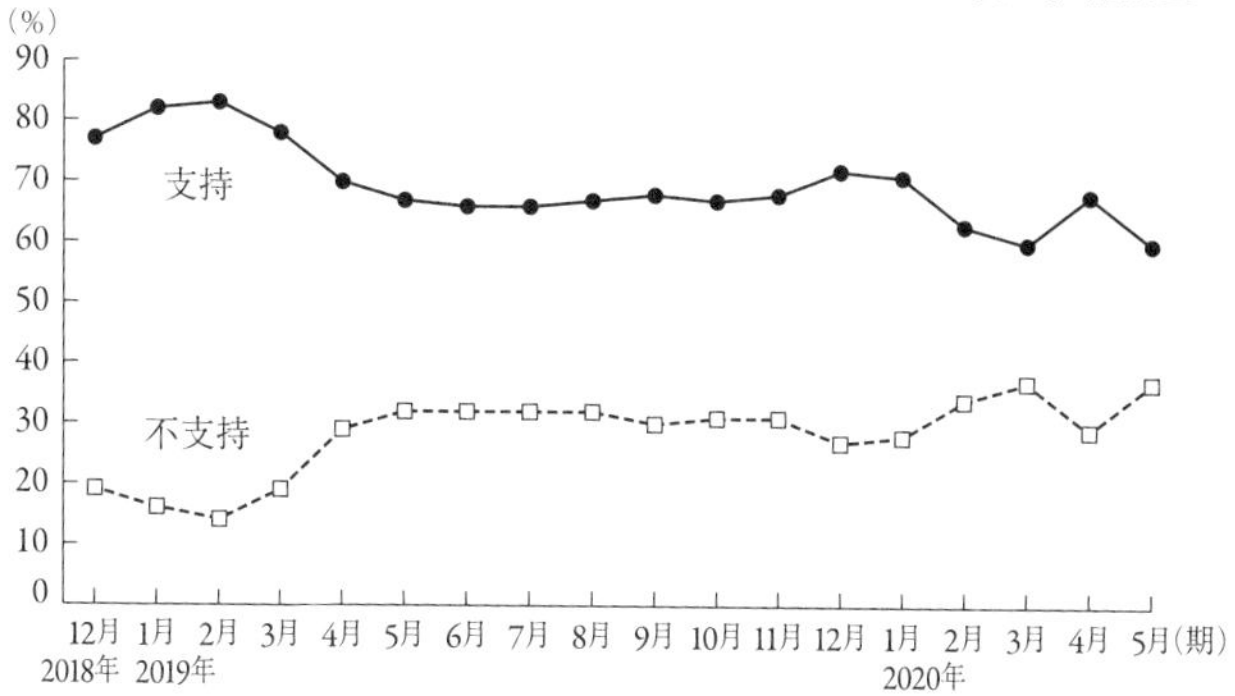

出所）エル・フィナンシエロ紙のデータより筆者作成

い歴史のある全国主要紙で、発行部数は30万余部である。他の主要紙にはない数頁に及ぶ「土地・物品売買と求人」広告欄があり、庶民にも広く読まれている。

　まず、エル・フィナンシエロ紙が毎月行う世論調査によって、アムロ政権が発足した2018年12月から20年5月までの18カ月間の傾向をみてみよう（**グラフ1**）。一般的に新政権が試される密月期と呼ばれる政権発足後3カ月の国民のアムロへの期待は、80％前後と非常に高かった。この間に、すでに紹介したようなガソリン不足や託児所の閉鎖など庶民の生活を直撃した事件が発生していた。その後もさまざまな難問が生じたが、アムロ政権1年目の支持率は最低で60％、最高で83％である。2019年12月の調査における設問「今の時点でもアムロに投票するか」に対して、回答者の70％が「投票する」とした。これに対して「投票しない」としたのは29％で、アムロ政権に対して厳しい視線を向ける国民が相当数いるであろうことがわかる。

表3　アンケート調査にみるアムロ政権の評価（2019年7月～12月）

（単位：％）

2019年	治安		汚職		経済		貧困		教育		医療・福祉	
	する	しない	する	しない	する	しない	する	しない	する	しない	する	しない
7月	33	42	21	62	23	51	17	58	35	38	28	51
8月	37	44	23	64	29	51	21	65	—	—	—	—
9月	**45**	34	31	46	**35**	34	33	43	—	—	—	—
10月	32	47	33	49	**40**	36	30	47	**49**	38	37	39
11月	26	52	34	41	**39**	34	36	37	**50**	26	**36**	36
12月	27	51	**41**	33	**43**	31	**40**	33	**50**	24	**41**	32

注）アミかけは「評価する」が「評価しない」を上回ったことを示す。
出所）エル・フィナンシエロ紙の世論調査を基に筆者作成

表3にまとめた調査の個別設問である治安、汚職、経済、貧困、教育、医療・福祉政策は、いずれの部門も、すでに指摘したように、いち早く取り組まれたもので、成果が容易に出せる種類の課題ではない。政権発足後6カ月を経た2019年7月調査でも、上記の6部門に対する世論はいずれも「評価しない」が「評価する」を上回った。しかしその5カ月後の12月の調査では、治安を除く5部門で評価が逆転している。なかでも経済は9月にすでに「評価する」が「しない」を上回り、アムロの経済界との関係および経済動向が好転しつつあることが示されている。ただしこの時点でメキシコの2019年の経済成長率は、公約の4%をはるかに下回る1%ほどと予測されていた。

12月の調査で唯一「評価しない」が「評価する」を大きく上回った「治安」で、9月に「評価する」が「しない」に一度逆転したものの、翌月から「しない」に大きく戻ったのは、10月中旬に発生した「クリアカン事件」と「レバロン一家殺害事件」がとくに影響しているように思える。全般的に2019年は麻薬カルテルだけでなく一般犯罪も悪化の一途を辿っていたが、「クリアカン事件」と「レバロン一家事件」は衝撃的な事件であった。

前者はすでに11章で触れたように、10月17日にシナロア州都クリアカン市内で発生したもので、国内最強と言われた旧シナロア・カルテルの前首領の息子とメンバー3名を一時捕まえながら、解放せざるを得なかった政府側の「作戦の失敗」事件である。後者は、その2日後の19日に起こったチワワ州のモルモン教徒レバロン家の9名が、乗車していた車ごと焼き殺された事件である。クリアカン事件についてはV部で詳しく紹介するので、ここではレバロン一家9名殺害事件の概要を紹介しよう。

レバロン事件とは、メキシコ北部チワワ州とソノラ州の米国との国境に近い地域に集団居住しているプロテスタント系モルモン教徒の中でも、1930年代に移住してきたレバロン家の一族14名のうち9名が待ち伏せしていた麻薬カルテルによって車ごと焼き殺された事件である。3名の成人女性と6名の子供たちが犠牲になった。麻薬カルテル間の銃撃戦が展開されていた地域にレバロン一家の車がたまたま入り込んだという説とレバロン家が長年にわたってその一帯を仕切る犯罪組織と対立していたという説がある。麻薬カルテルの首脳部の逮捕と殺害によって解体した旧シナロア・カルテルに属していた当該地域を支配する「ロス・ハグアレス」の犯行という説もある。いずれにしてもテレビに流された焼け焦げた車両の映像から、その凶悪性が容易に推測できた。ちなみに一夫多妻制をとるモルモン教徒のメキシコへの移住者集団は、米国と国境を接するチワワ州とソノラ州に集団居住地コロニーをつくってすでに１００年を超す歴史を持ち、メキシコ社会の一部になっている。

表３の「経済」に対する国民の評価は興味深い。アムロの公約である２０１９年の経済成長率４％は結果として０・１％に終わり、経済は依然として低迷を続けている。政権発足時には、市場主義経済を謳歌する経済界との対立が予測され、北米自由貿易協定（ＮＡＦＴＡ）交渉で自国優先を主張する米トランプ大統領との交渉問題が難航するなどが懸念されていた。ネオリベラリズムを敵視するアムロが経済界と対立するのは当然とされていたが、アムロは経済界の一部のリーダーたちと友好関係を築き、激しい対決を回避している。ＮＡＦＴＡ交渉や移民と「国境の壁」問題でも、巧みで柔軟な交渉力によって米トランプ政権との対決は回避されている。

次に、アムロ政権の評価を年齢層および党派別に行った外国の世論調査で、国内の世論調査とやや異なる分析を示したものを紹介しよう。スウェーデンのメトロ・インターナショナルに属する調査機関「プブリメトロ」*が行ったものである。ラテンアメリカ主要国のアンケート調査も手掛けている同機関が２０１８年10月から19年８月の間に実施した５回の調査によると、全般的にアムロ政権を支持・評価する傾向は国内世論調査機関によるものより高かった。最低でも18年11月の71％、最高は19年2月の85％であった。5段階に分けられた年齢層別支持者については、65歳以上の高齢者と18〜24歳の若者層の支持率が他の年齢層よりやや高いが、年齢層で支持率が大きく変わることはなかった。年齢層に関係なく、アムロは国民の高い支持を受けていることになる。

また同調査機関が行った公約に対する19年8月時点での実績評価では、上級公務員の給与削減（79％）、先に紹介したガソリンを盗み取る犯罪（ウワチコレオ）への対応（78％）の他に、モレロス州内で工事が始まった地熱発電所の建設（67％）、ユカタン半島を中心とする「マヤ列車」と名付けられた古代マヤ文明圏を一周する地域開発と観光促進を兼ねた鉄道建設計画（66％）、国家警備隊（GN）の創設（63％）は、それぞれカッコ内の評価を得ていた。いずれも初期においてはメディアによる批判が非常に強かった項目である。

最後に、アムロ大統領自身に対する国民の人物評価をみてみよう。エル・フィナンシエロ紙のアンケート調査では、「正直さ」「リーダーシップ」「結果を出す能力」「チームワーク」の4つの設問があり、「評価する」「評価しない」の二者択一で尋ねている（**表4**）。2019年後半6カ月間の評価の推移をみると、とくに「正直」と「リーダーシップ」では「評価する」とした回答は「しない」の2〜3倍にのぼり、この期間を通じてほとんど大きな変化はみられなかった。これらは、筆者が抱くイメージとほぼ一致する。他方で「結果を出す能力」という設問では、「評価しない」が、10ポイント以上引き離されているとはいえ、先の2つの設問よりかなり高い。しかし、これら3つ

表4　アンケート調査にみるアムロ大統領に対する評価（2019年7月〜12月）

（単位：％）

2019年	正直さ		リーダーシップ		結果を出す能力		チームワーク	
	する	しない	する	しない	する	しない	する	しない
7月	58	24	53	32	45	35	35	39
8月	58	23	53	25	43	33	—	—
9月	63	17	60	19	48	24	—	—
10月	61	20	54	26	43	31	—	—
11月	55	21	52	25	44	30	35	34
12月	57	20	58	21	51	24	38	30

出所）エル・フィナンシエロ紙の世論調査を基に筆者作成

の設問を通じて知るアムロ大統領に対する国民の信頼は、1年間を通じて大きな変化はなく、国民の過半数がアムロを支持し、改革を期待したと言えるであろう。

しかし「チームワーク」については、「評価する」と「しない」がほぼ30％台で拮抗し、残る回答者の3分の1は、政権執行部のチームワークの良し悪しは判断がつかないということになる。ちなみに、アムロ政権1年目の前半に財務公債大臣が大統領との意見の相違から辞職しており、さらに環境天然資源大臣も辞任している。政権の中枢部および与党MORENAの議会運営などで、アムロ大統領が絶対的な影響力を持っているわけではないということを意味するのだろうか。

すでにみたように、アムロのリーダーシップがずば抜けて強いわけではないことからすると、独裁者アムロというイメージはありえないが、同時に政策意志決定にあたり集団をまとめる力量もやや否定的で、「第四の変革」を目指

アムロの「ドリーム・チーム」。最前列中央◉がアムロ大統領（2018年12月2日撮影，メキシコ大統領府広報課提供）

注）丸数字は92頁の表2の大臣名に対応。◎は女性大臣。3列目は大統領府の主要スタッフ。

して一致団結して取り組んでいるというイメージは強くないとも解釈できる。もっと強いリーダーシップと政権中枢部のチームワークの結束がなければ、アムロの掲げる「第四の変革」を実現するのは難しいのではないかと、表4から筆者は考える。

　依然として国民の約3分の1を占めている中間層を中心とする「アムロ嫌い」を政策でどう説得できるかが、任期2年目以降の大きな課題であろう。

14章　特権層の特権剥奪と貧困層対策の実現

30年以上続く「ネオリベラリズム」と称する市場主義経済政策によって、メキシコの伝統的な格差社会はさらに拡大した。もっとも世界中の国々がこの波にのみ込まれ、どの国も貧富の格差拡大によって生じたさまざまな問題に直面している。その中でも、メキシコは3章で紹介したように世界でも名だたる格差社会である。メキシコの場合、独自の歴史発展過程で育まれた地域格差と人種格差の伝統文化がネオリベラリズムの進展によっていっそう顕在化したという印象がある。その現実に真っ向から立ち向かい、「公平と公正」という旗印のもとでメキシコの改革に取り組もうとしているのが、アムロ政権である。

すでに前章で紹介したように、国民はアムロが進めてきた初年度の政策を大筋として受け入れていると筆者には思える。激しい抗議デモが展開されても、アムロ政権はそれらを力によって抑え込むことをしないと明言しており、施政1年目を通じてさまざまな抗議デモがほぼ毎週行われ、首都メキシコ市に莫大な経済損失を与え続けてきた。そのような中で施政1年目の舵取りをした政治家アムロは、筆者には「ドン・キホーテ」のようにもみえる。

「貧しい国民と金持ちの公務員が共存する状態があってはならない」というキャッチフレーズで最初にその是正に取り組んだのが、12章で紹介した高給を食む政治家と上級公務員の給与体系の抜本的な見直しに始まる一連の緊縮財政の実施であった。それらのカットされた財源は困窮者の救済政策へと回されているはずである。

アムロのこの大胆な特権層の待遇是正策は選挙戦中にすでに繰り返し主張されていたが、実現してみると混乱状態へと発展しなかったのが「奇跡」であると筆者には思える。一連の改革が局部的な抵抗だけで実現してしまったことに、筆者は驚いている。おそらく最初に「大統領の給与6割カット」という自ら身を切って改革に取り組んだ大胆な手法と、アムロの実行力に寄せた過半数の国民の支持があったことで、特権層の反乱は阻止されたのではないだろうか。

「大統領の給与6割削減」のほかに、選挙戦で有権者に公約した「超豪華な大統領専用機の売却」、「大統領府付き警護要員の大幅削減」、「大統領終身年金の廃止」など、大統領の特権的待遇を廃止するというアムロの公約は、確実に実行された。実際、２０１８年12月１日に就任したアムロ大統領の月給は前大統領の60％減に当たる10万8千ペソ（５４００ドル＝約60万円）となり、就任と同時に即実施されている。同時に、大統領給与の大幅削減に合わせた上級公務員の給与の引き下げも行われた。すでに紹介した「公務員給与に関する連邦法」に基づき、「公職にある者は何人も大統領の給与以上を支給されない」という条文がすでに制定されていたからである。

連邦議会での審議過程でこの法案が容易に成立したのは、上下両院の議席の過半数を与党MORENAが占めており、かつ新人議員たちは従来の高額な議員手当に執着するほどの実感がなかったからかもしれない。また当選後2カ月しか経ていないこの時期には、MORENAの政党としての結束が非常に強かったことも、党リーダーにとってはまとめやすかったのだと思われる。議員たちが従来受けていたさまざまな特権的待遇が廃止となった実感は、テレビの議会専用チャンネルで流される議場の光景からも確認できた。従来なら無料で受けてきた議場内でのコーヒー・サービスが廃止されたために、議員たちは自分でコーヒーカップを持って入ってきた。これはアムロの政策の実現性を国民に見せた象徴的な光景の1つであった。この種のさまざまな、しかし1つ1つはささやかなものであっても、議員たちが従来享受してきた特権的待遇の在り方が変わる様子を、国民はおそらく初めて確認したのではないだろうか。

「公務員給与に関する連邦法」には廃止項目が具体的に明記されている。それらの中には、民間の高額医療保険に加入しても保険料までもが公費負担となる上級公務員の特権があった。しかし改正によって上級公務員の健康保険には2つの選択肢が示された。一般公務員の社会保険に統合されるか、独自に高額医療保険に保険料を自己負担で入るという選択肢である。従来、保険料を自己負担することなく公費で家族ぐるみで、設備の整った先進国並みの民間医療機関で医療サービスを受けてきた上級公務員たちの間で、強い不満の声があがった。なぜなら一般公務員が加入して受診できる公立病院では、運び込まれても数日から数週間の順番待ちが普通であるという事情があり、順番待ちの間に死亡したといった類の話さえ話題になっているからである。

そのほかに、議員や政府高官たちが受けてきた身辺警護、個人秘書および個人事務所専属職員などの経費支払の厳正化、職務関係に限定した公用車の利用、国内外の公務旅行の回数制限、電話・コピー・光熱・通信機器・ガソリン・旅費・賃貸・謝礼などの予算の使い道が厳正化された。このような通達がどこまで実現されたかは不明だが、明記されるほど公費の乱用が従来あったことを国民に公開したことになる。元大統領に支給されてきた高額な終身年金と特別待遇も同法によって廃止された。大統領終身年金の内容の詳細は24章で紹介する。

一方、すでに紹介したような貧困層に向けたさまざまな給付金の支給は２０１９年度の予算執行当初から行われた（メキシコの会計年度は1月に始まる）。しかし同時にさまざまな問題も発生し、公約がスムースに実行されたという実感は庶民の間にはないようである。その最大の原因は、貧困層が十分な情報を得ておらず、支給を受けるための手続きが庶民の暮らしの実態からかけ離れていたからであるように筆者には思えた。その最大のネックは、給付金の支払い方法が従来の担当役所を通したものから連邦政府による本人の銀行口座に直接振り込まれるやり方を採用したことにある。

すでに紹介したように、貧困層のほとんどは銀行口座を持っていない。そして銀行口座を開くには住所と本人確認の書類などが必要である。そのような手続きを貧困層の人々が一定期間内にやる

街頭で物乞いをする老夫婦（2018 年）

ことは難しい。まず全国規模での制度であることからも想像できるように、地方の農山村で暮らす貧困層の周辺にはまず金融機関がない。手続きの大半はインターネット上で済ませられるように設定されているが、給付金の受給者の多くは高齢者や貧困層で、パソコンを使ったことがないか、所有していないからである。

YouTube に書き込まれた数多くのメッセージを読んで、予算が組まれて支給の準備ができているとしても、受給者側には政府が想定するような環境で暮らしていないという現実があることがよくわかった。通達やポスターには担当部署の連絡先が明記されている。しかし、この明記された連邦政府の担当部署に連絡を取ろうとしても、電話すら全く通じないという指摘が数多くあった。明らかに政府側の準備不足の面が多い。加えて、公務員の職務に対するモラルの低さと勤務実態の非効率さを、新政府は想定していなかったようだ。

ネオリベラリズム経済政策への転換によって、1章で紹介したようにメキシコは驚くようなスピードで米国式の生活環境を概観的には整えた。しかしそれは、社会の一部に過ぎない。国民の6割が貧困層とされる社会全体からみると、スマホの普及率が国民の70％に達したとする調査があるとはいえ、広大な国土に散在する奥地農山村の人口の80％が貧困層とされ、農村部と都市部の生活環境の格差は途方もなく大きい。中央のエリート官僚たちがつくる政策は、地方の現実を全く無視している。

これらの問題の指摘に対して、アムロ大統領は福祉銀行を創設し、全国津々浦々に設置されるATMを利用することによって給付金は必ず受給者の手に直接届けるようにするという構想を示した。従来の、途中で公金が消えてしまう伝統的行政の「悪しき慣例」をなくすためにも、直接本人に給付金を渡すことの必要を強調し、制度の完成に時間がかかることも認めた。新しい制度が機能するために必要な準備時間のないままに、公約が制度化されてスタートしてしまった拙速な施政は、その他の公約でもみられる。その1つが、アムロの重視する若者支援である。

21世紀のメキシコ社会で深刻化しているのが、若者の貧困化である。中間層下位の家庭で子供を大学に通わせるのは、たとえ授業料が無料であっても、経済的負担は大きい。ましてや大都市に集中する大学へ進学させると、生活費や勉学に必要な経費は大きい。これらの大学まで進んだ若者たちが勉学を継続できるように、全国で30万人の大学生に対して月2400ペソ（約120ドル＝1

国立実業高等学校（CONALEP）グアナフアト州セラヤ校の生徒たち。8割は大学進学を希望している（CONALEP セラヤ校提供）

万３０００円）を支給する奨学金制度がスタートした。この金額は、筆者と同じ家に下宿するメキシコ国立自治大学（ＵＮＡＭ）医学部に通う女子学生の台所使用を許された部屋代に相当する。

一方、すでに紹介した「ニィー・ニィー族」（学校にも行かず、働くこともしない若者）と揶揄される18～29歳の若者に向けた職業訓練1年間を支える月３６００ペソ（約１８０ドル）の「アムロ職業研修支援金」制度もスタートし、全国２３０万人を募集した。多くの若者が中学校にもろくに通わないままに社会に出て、悪の道に迷い込んでしまったこの世代の一部は、組織犯罪のもっとも危険な最前線の実行犯となっている。この種の若者たちはすでに崩壊した家庭に生まれ、まともな教育を受けないままに暴力と汚れたカネの世界に取り込まれている。きめ細かい支援制度の確立が必要であると同時に、それらが実を結ぶには時間を要する政策である。

アムロの「未来を築く若者たち」と命名したこの新たな奨学金制度によって、若者たちが勉学の継続と職業訓練の場をえられる奨学金の申請は2019年1月に開始した。月3600ペソの金額は最下層の労働者の月収に相当する。若者の多くは、たとえ貧困層であってもインターネットが使え、申請にはそれほどの問題はないとされた。しかし比較的順調に進んだかのようにみえた「若者への奨学金」と称する教育ないしは職業訓練を兼ねた研修制度を支援する給付金の支給にも障害があった。拙速すぎる手続きのために、公正さを欠く事態ともなったからである。

貧困層の大学生に支給される月2400ペソは、学生の主張によると中途半端な金額であるという。中間層中位の家庭出身の若者にとっては小遣い程度で、一方で本気で学ぶ貧困層の家庭出身の学生にとっては学業に集中できる金額でないからだという。医学部のように実習が多い学部で学ぶ学生にはアルバイトをする時間的余裕がない。また拙速にスタートした制度では、申請書に偽りがあっても、学校に行かず研修も受けなくとも、実態を政府が確認することはなく奨学金が支給され、不公正で不平等な制度であるとUNAMの女子学生が解説してくれた。しかしこのような問題が初年度には多発したが、やがてより良い制度へと改善されることを期待しよう。

15章　反アムロ派となった中間層

比較的恵まれた生活を送る中間層は、選挙戦当時も、就任1年後も、アムロ嫌いである。しかし有力世論調査機関パラメトリアの投票日の出口調査によると、*選挙戦の過程で国内外からポピュリストとして警戒されたアムロに投票したのは、高収入・高学歴層が一番多かった。この出口調査は、年齢・性別・学歴・月収の4項目を付して投票結果を尋ねている。その結果から得られたイメージは次のようであった。

年齢層に関係なくどの年齢層も過半数がアムロに投票していたが、敢えて特徴を指摘するなら26～35歳の年齢層の63%がアムロを支持し、18～25歳の層と56歳以上の年齢層はともに55%がアムロに投票していた。他の3候補者と対照的な支持者の特徴は、女性よりも男性の方が多く、高収入・高学歴層であったことである。これと対照的なのが、制度的革命党（ＰＲＩ）のミードに投票した多数が低学歴・低収入層であった。貧困層への経済援助や医療体制の改善、貧しくて進学できない若者への学資支援を繰り返し提案し続けてきたアムロを「大衆迎合主義のポピュリスト」と呼び、「第2のベネズエラのチャベスになる」とあからさまに警戒心を見せていた選挙戦中の反アムロ派の意見は、この出口調査ではほぼ正反対の結果となった。ただし中道右派の国民行動党（ＰＡＮ）候補のアナヤもＰＲＩのミードも、選挙公約として最低賃金の倍増や年金増額などを提案しており、ポピュリスト的選挙公約は主要3候補者間の政策に大きな違いはなかったはずである。

なおイギリスの公共放送局のラテンアメリカ向けチャンネル「ＢＢＣムンド」は、アムロ勝利の要因に関して次のような点を挙げている。第1に、インターネットとＳＮＳで一番多くの情報が流されたのがアムロであった。これは最新の情報機器を使いこなす若年層がアムロ支持に回ったことを示唆しよう。第2に、公開討論会におけるアムロの極力抑えた発言と分析姿勢が、互いの汚職や腐敗を感情的に攻撃したＰＡＮのアナヤやＰＲＩのミードと際立って対照的であり、大きく影響したという。

しかし筆者の周辺の、いわゆる中間層に属するメキシコ人のほとんどはアムロ大統領が大嫌いである。何に反対であるかという根拠は説得力に欠くように思えるが、とにかく「庶民に迎合する政策を振りかざしながら実行力を欠く」と主張していた。筆者の友人でもある下宿先の夫婦はともに大卒専門職の50代で、メキシコ社会の事情全般に精通しているが、アムロの支持率が２０１９年９月でも56％あるという世論調査を信じない。彼らのアムロ嫌いは中途半端ではない。

一方、筆者には四半世紀におよぶメキシコ暮らしをしている親しい日本人の友人がいる。彼女の夫は大学教授で、彼女自身は専業主婦として２人の娘の教育に熱心であり、社交的で多くの友人をもっている。彼女にも、また日本生まれでメキシコ育ちの夫にも選挙権はないが、彼女自身およびその友人たちもまたアムロ嫌いで、演説口調から使う言葉にも反感を感じるようである。そのほとんどが中間層上位に属する彼女の交友関係から「アムロ評価」を集めてもらった。30名近い友人の中でアムロを支持していたのはたった1人だった。

各種世論調査では、アムロ政権の改革への取り組みを肯定的に受け止めるのは半数以上にのぼる。しかし支持層を階層別に分析した調査はまだ出ていない。おそらく高卒レベルの学歴を有し、社会保障のある安定した正規雇用で働く中間層下位の一部と下層貧困層が一般的なアムロ支持層なのかもしれないと筆者は考えている。すでに紹介したように、中間層下位や貧困層に焦点を当てた諸政策が提案され、一部実施され始めているからである。

先に紹介したパラメトリアによる投票日の出内調査でアムロ支持が一番高かったのは若者層であったのは、アムロがメキシコの将来を担う若年層に向けてさまざまな公約を挙げていたからであろう。厳しい階層社会で生きる若者層がアムロの施政方針に共感を覚えたのではないだろうか。貧困家庭に生まれた子供が社会上昇をなしとげるために必要な教育の機会を支援するという、アムロの公約に期待をかけたともいえる。しかも国立大学まで無償で受けられる制度の過程で脱落しても、職業訓練を受けるための支援政策までが提案されていた。中高レベルで中退する少なからぬ若者は最低賃金レベルの労働者で、辛うじて食べていける収入しか得られない。このような貧困状態から

日曜の午後，都心のマデロ通りを散策する家族連れ。背後の写真はメキシコ市長シェインバウム（2019年）

脱出することは非常に難しい。例外はあるとしても、下層・貧困層が自力で生活しながら大学教育を受けることはほとんど不可能で、貧困の連鎖はいつまでもつづく。これを断ち切ろうとしたアムロの公約の多くを、中間層は「大衆迎合的な公約」として愚弄に近い反発的な態度を示している。中間層上位もまたメキシコでは特権階級なのだ。

現在でも、学歴主義のメキシコ社会において、「学士」という大学卒業者に与えられる資格は日本では考えられないほど有効である。職場のしかるべきポストにいる上司たちは、高卒や大学中退の部下からは「○○工学士」、「○○学士」、「○○建築学士」と苗字に称号をつけて呼ばれる。すでに紹介したように、中間層上位に入れる条件の1つは大卒であり、公務員の場合には給与体系も学士号、修士号、博士号の有無によって大きく異なる。ただし民間企業ではグローバル化によって変化し、一段と厳しい実力主義・競争社会となっているかもしれない。それならば十分な教育の機会を持たず、知識も技能もない下層の若者たちに将来はなく、犯罪組織に容易に取り込まれてしまうであろう。

アムロの公約であった中間層下位と貧困層の子供たちが大学まで通えるような奨学金制度が、前章で紹介したように実現した。義務教育課程の児童に対しても、月３３０ペソ（18ドル＝約２０００円）の学資支援政策が２０１９年８月の新学期から義務教育過程の児童に対する奨学金として支給されている。そして高校や職業学校、さらに大学へ進学する貧困層の子供たちに、最低限の生活費をカバーできるレベルのさまざまなタイプの奨学金制度がつくられた。本人の努力次第で大学にまで通え、専門職に就くことが夢ではなくなりつつある。

このような貧困層対策に要する経費は納税者である中間層（3章参照）にとってどのくらいの負担になるのだろうか。その全貌を筆者はまだ推計できないでいる。管理職以上の公務員がこれまで受けてきた高額医療保険料やその他いくつかの諸手当が廃止または削減され、それらに対する反発は大きかった。組織ごとに手当の支給内容や方法が異なっているため一律に論じることは難しいが、国庫から支給される給与所得者の上位の職種に支払われてきた諸手当は相当の額にのぼると推定される。その中で筆者が身近に感じたのは、すでに取り上げた健康保険料の負担に代表される問題である。民間の高額医療保険に職場ごと加入し、その保険料全額が国庫から支払われていた。そしてこの種の特別手当が完全になくなった結果、自己負担で民間の医療保険に加入するか、フォーマル経済部門で働く給与所得者が加入するセグロ・ソシアル（ＩＭＳＳ）と呼ばれる社会保険制度に入るかの選択があった。国家公務員には国家公務員社会保険（ＩＳＳＳＴＥ）という別の社会保険制度もある。インフォーマル経済部門で働く人々には自主的に加入できるセグロ・ポプラール（ＳＰ）という制度がある。後者は貧困層を対象にしたもので、さまざまな問題点があり、アムロ政権は抜本的な改革を目指している。２０１９年の時点ではＳＰはまだ機能していた。

中間層上位が利用しないセグロ・ソシアルやセグロ・ポプラールで医療サービスが受けられる公立病院は、いつも患者で溢れているという。大けがや大病で病院に運び込まれても、第一チェックポイントで命に係わるレベルでないと判定されると、待合室での待機となる。専門医が少ないために手術を受けるまでに丸４日間も待合室の椅子で順番待ちをしたという話が大げさでないことをいくつかの事例で知った。待合室はどこでも順番待ちの患者でいっぱいで、点滴を腕につけたまま床に段ボールを敷いて横になり、夜を過ごす姿すら見かけるという。自分の目で確かめて来るようにと言われたが、そこまで「現場検証」をする気にはなれなかった。メキシコ市内には外観的に近代的な大型病院がたくさんあるように思えるが、中間層下位以下の人々が安い自己負担で通える病院は、医師不足という状況の中でこの種の事態が常態化しているのだという。

いずれにしても、これまで受けてきた特権的手当の実態については、受給していた本人もなぜ特

パリのシャンゼリゼ大通りを模してつくられたレフォルマ大通りで日曜の午前中に開催される肥満予防エクササイズに参加する中間層の人々

権的な医療保険を受けていて、それが突然廃止になったかについての事情を十分に理解しているわけではないようであった。そして中間層上位のアムロへの強い批判は、貧困層を対象とした支援制度が目立つことに加えて、理由と実態がわからないままに行われてきた特権的諸手当が突然カットされたことからくるように思われる。

高学歴者集団である大学教員や上級公務員が数十年にわたって享受してきた特権的な恩恵の仕組みは、労働組合によって守られてきたという歴史がある。もちろん正規労働者の組合もさまざまな恩恵を受け、その身分が守られてきた。それはメキシコ革命によって獲得した憲法第１２３条に書き込まれた労働者の権利と保護の詳細な条文からもわかる。メキシコ革命がすでに歴史の一部となっている21世紀においても、部分的修正は行われているものの、この条項

右写真と同じレフォルマ大通りの歩道で物売りをする母子

は有効である。1917年に制定された現行憲法でもある「革命憲法」は、20世紀初頭には世界で最も進歩的とされ、現在でもその本質の多くは変わっていない。問題は、インフォーマル経済部門で働く労働者の身分保証と待遇改善である。

中間層中位以上のアムロ嫌いは就任後1年間、増加もしなければ、減少することもなかった。給与体系が大きく変わった分、何らかの手当てが新たに付いて、中間層の収入に大きな変化がなかったのかもしれない。公開されていない諸手当の合計は過去には給与を上回る仕組みになっていた。さらに公費を私的に使う慣行の廃止がどこまで守られているかについては、想像すらできない。筆者が理解している範囲では、メキシコの中間層中・上位は日本の中間層全般と比較してはるかに物質的豊かさを享受している。

上は憲法広場（ソカロ）に面した大統領政庁舎（国立宮殿），下はその内側に位置する噴水のある中庭。正面右手の２階へ昇る階段の壁いっぱいにディエゴ・リベラによる「メキシコ史絵図」の壁画があり，２階右手の回廊の壁には本書各部扉に載せたアステカ帝国の都テノチティトランの光景とスペイン人による征服を主題にした一連の壁画が描かれている

Ⅳ部　麻薬と暴力の犯罪社会

16章　欧米が持ち込んだメキシコの麻薬ビジネス

２０１８～19年のメキシコは、麻薬組織（カルテル）によって引き起こされるさまざまな凶悪犯罪が多発する史上最悪の状態にあった。その実態は世界で最悪の内戦状態とさえ言われ、「麻薬戦争」という言葉も使われている。同時に麻薬カルテルとは直接関係のない強盗・誘拐・殺人事件なども多発し、治安の悪化が一段と進んでいた。

メキシコにおける麻薬ビジネスの歴史は古い。しかしグローバル化した違法ビジネスに関わるカルテルの活動が拡大したのは、今から約40年前の１９８０年代に入ってからである。それまでも幻覚作用のある原産の植物や16世紀にヨーロッパ経由で伝来した大麻、そして19世紀に持ち込まれたモルヒネやヘロインの原料となるケシが栽培され、医療用や嗜好品として利用されていた。コカの木は南米大陸アンデス山麓が原産地として有名だが、メキシコも原産地の１つで、コカの葉は古代から使用されていたとされる。しかしメキシコで麻薬ビジネスが莫大な利益を上げる一大密輸産業になるのはずっとのちの１９８０年代である。

メキシコで麻薬カルテルが一挙に拡大した１９８０年代は、コロンビア、エクアドル、ペルー、ボリビアなど南米大陸のアンデス地域で栽培されるコカの葉から精製される麻薬コカインの密輸の中継ルートがメキシコに確立された時期にあたる。それまでの主要なコカイン・ルートはカリブ海域であった。米国市場に向けた南米大陸のコカインはコロンビアに集積され、カリブ海域の島々やカリブ海に面した中米諸国の海岸線を利用して、小型船舶・潜水艦・航空機などでフロリダ半島南部に運ばれていた。しかし米国がこれらのルートの監視を厳しくしたため、カリブ海ルートが分散化してメキシコ・ルートが確立した。

メキシコがカリブ海域に代わる主要なコカイン・ルートとなった理由はいくつかあげられる。まず太平洋・カリブ海・メキシコ湾に面した長い海岸線、複雑な地形と広大な領土、さらに3千キロメートル以上に及ぶ米国との国境線の存在である。次に、国内で生産するモルヒネやマリファナの米国内への密輸ルートがすでに存在していた。その結果、コロンビアのカルテルと手を結び、世界最大の麻薬市場である米国に向けた麻薬密輸を引き受ける大小の組織が、メキシコ国内で容易に急増した。これらの勢力は複雑な海岸線と地形を利用し、同時にメキシコの国家統治機構の汚職体質と結びつき、犯罪行為を伴って急速に拡大した。やがて1990年代には「麻薬戦争」とも呼ばれる状況へと発展し、現在に至るまでほぼ30年続いている。

しかし、先に紹介したように、古くからメキシコでもモルヒネやヘロインの原料となるケシやマリファナの原料となる大麻は栽培されていた。大麻の歴史は古く、ヨーロッパ人のアメリカ大陸到達によってメキシコに広まった。ケシの栽培は19世紀後半に北部シナロア州へ労働力として導入された中国移民が始めたとされる。中央アジアが原産地であるケシから精製されるアヘンは、それまでメキシコではほとんど知られていなかった。１８４０年代のイギリスと中国のアヘン戦争で広く知られているように、世界を股にかけて植民地政策を展開したイギリスによってケシから精製されるアヘンが世界中に広がり、19世紀のメキシコにも到来したのである。

しかし、アヘン戦争の舞台となった中国のように、庶民がアヘンを吸引する習慣はメキシコでは定着しなかった。その背景には、３００年に及ぶスペイン植民地時代を通じて、幻覚作用のある薬物の使用をカトリック教会が厳しく取り締まってきたという歴史的経緯がある。しかし19世紀後半になると、欧米の上流階級や文化人たちのアヘンやマリファナを嗜好品として吸う習慣が、メキシコでもヨーロッパ文化に憧れる上流社会や文化人の間で流行した。

20世紀に入ると、麻薬類は医療の現場において鎮痛剤として広く使用されたほかに、戦場に駆り出される兵士たちの精神安定剤として使われるようになった。１９１０年代のメキシコ革命の内乱時代には、兵士たちがマリファナを吸いながら戦場で戦った。今でも歌われる革命コリード（歌謡）の「クカラッチャ」には、「クカラッチャ、クカラッチャ。もう歩けないよ。だってマリファナが切れてしまったのだから」という有名な歌詞がある。クカラッチャ（ゴキブリの意）とは、兵士として動員された農民兵と、その食事と負傷の手当てを任された妻や恋人たちが鍋釜を背負って軍隊の後につづいて歩く姿がゴキブリに似ていたことによるという説がある。

メキシコが米国市場向けのケシや大麻の栽培とそれらから生産される麻薬の密輸に深く関わるようになるのは、１９２２〜33年の米国における禁酒法時代である。アルコール類の販売が禁止された米国へ、テキーラをはじめとする違法な酒類がメキシコから国境を越えて送り込まれた。メキシコに労働移民として入国した中国人たちが普及させたケシからつくられるモルヒネやヘロインも、当時は管理が厳しくなかった国境を容易に渡ってメキシコから米国へ密輸されたのである。

さらに第二次世界大戦時には、兵士たちの精神安定剤用のモルヒネの原料となるケシの栽培を米国側がメキシコに求めたことからケシの栽培面積が拡大し、１９６０〜70年代のベトナム戦争の時期にも米国は兵士に与えるモルヒネやマリファナをメキシコから大量に輸入し、疲弊した帰還兵の精神安定剤として使用した。この時期にはまた刺激を求めるヒッピー文化が拡大し、それに伴ってメキシコにおける麻薬の栽培と流通は国家の管理を越えた膨大な違法ビジネスへと発展した。このように、南米大陸産のコカイン密輸ルートがメキシコ領土内で容易に拡大される下地がすでに存在していたのだ。

このような経緯を背景に国家として麻薬の生産・流通に関わってきた米国もメキシコも、モルヒネやマリファナなどの麻薬の取り締まりに真剣に取り組んだ時期がある。国連が１９６１年に制定した「麻薬取締協定」に両国とも署名し、ニクソン米大統領（任期１９６９〜74年）は「麻薬との対決」を明言実行した。レーガン大統領（任期１９８１～89年）は「麻薬掃討作戦」を展開して南フロリダおよびカリブ海域の取り締まりを強化した。しかしいずれも精神的解放感や刺激を求める若者文化の流行で需要が増大したコカインの密輸元を撲滅させることはできなかった。南米大陸アンデス地域で栽培されるコカの葉と精製されたコカインはコロンビアの麻薬カルテルのもとに集積され、さまざまな流通ルートを通じて欧米先進諸国に密輸され続けた。小型の船舶・潜水艦・飛行機などを利用したカリブ海の麻薬輸送ルートの取り締まりが強化されると、中米地峡地帯の小さな港や陸路を伝ってメキシコと米国の国境地帯へと麻薬が運ばれた。こうしてメキシコは、手段を選ばない麻薬密輸組織がコカインを米国市場に送り出すための重要な通過ルートとなっていった。

麻薬ビジネスは、米国市場へのルートをすでに持っていたメキシコのカルテルにとって莫大な利益を産む「重要産業」となった。カルテルは引き受けた麻薬の現物の30～40％を報酬として得られたからだ。その結果、何としても麻薬を米国市場に密輸出しようとするカルテルの作戦は過激化し、カルテル間の抗争が激しさを増した。この過程で麻薬カルテルは米国へ密入国する出稼ぎ移民たちを運び屋にしたて、国境を越える車両に麻薬を隠して輸送し、国境地帯に数百メートルに及ぶ地下トンネルを掘って麻薬を密輸した。米国市場への陸路と海路の他に、小型飛行機も利用される。陸路輸送で小さくない役割を担うのが不法移民の運び屋である。ブローカーに手引きされて国境を越え、米国へ不法入国するには５０００ドル前後の手配料が必要となるが、その資金のない不法移民は「ラバ」と呼ばれる麻薬の運び役を引き受ける。こうして1990年代末、コカインの一大生産地であるコロンビアの内戦が終結して同国の麻薬カルテルが衰退すると、すでに米国市場への麻薬密輸ルートが確立されていたメキシコが、コロンビアに代わる麻薬の生産および密輸の中心地となっていったのは、ある意味で必然であった。コカイン・モルヒネ・ヘロイン・大麻を中心とする違法薬物を扱う組織がメキシコ各地に雨後の筍のように出現し、組織網が形成され、麻薬ビジネスを含むさまざまな非合法の経済活動を通じてメキシコ社会を揺るがす犯罪組織群に成長していった。

1994年のサリナス大統領（任期1988～94年）の最後の大統領教書の中で「麻薬戦争」という言葉が使われたように、メキシコの麻薬問題はすでに90年代から「戦争」の域に達していた。しかしこの言葉が広く使われるようになったのは、2006年12月に大統領に就任したカルデロン（任期2006～12年）が麻薬カルテル掃討作戦に軍隊を出動させた時期からである。就任9日目の12月10日に「麻薬戦争」を宣言すると、陸・海・空軍の兵士6500名から成る混成部隊を当時最強のカルテルの一つだったファミリア・ミチョアカナの本拠地であるミチョアカン州へ送り込んだ。このようにして始まったカルデロン政権の6年間は軍隊を動員したカルテル掃討作戦に費やされ、死者数10万2859名、行方不明者数2万2112名が記録されている。これらの数字の中にはカルテルとは無関係な民間人も相当数含まれており、別名「汚れた戦争」と呼ばれる軍部による殺傷事件もある。カルテルの幹部を根こそぎ逮捕するか殺すというこの作戦は、逆にカルテルの再

図１　三大麻薬カルテル系列の勢力図（2018〜19 年）

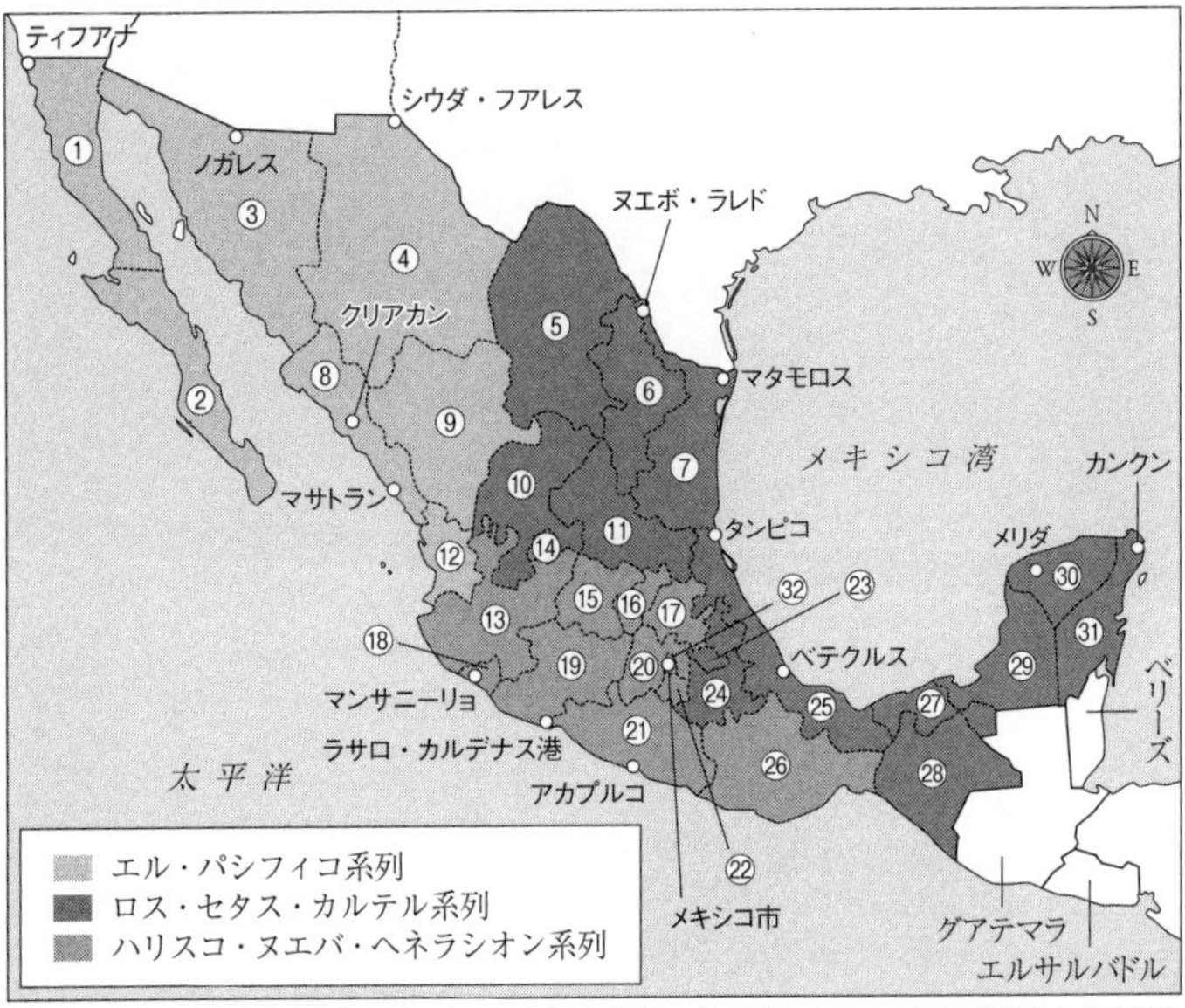

注）丸数字は州番号（目次裏の「メキシコ全図」参照）。地名はカルテルの活動が活発な「麻薬取扱いの中心都市」。
出所）2018–19 年の情報に基づき筆者作成

編成と拡散を誘発したからである。

麻薬カルテルは、ボスがいなくなると内部抗争が起き、組織が分裂して再編成されることが多い。２０１８年に知られていた強力な麻薬カルテルは**図１**で示した３つで、他に11の集団の名がしばしば取り上げられていた。ただし、色分けによる主要カルテル系列の支配領域は、州を単位とした大まかな線引きである。実態は、地理的条件によって州をまたぎ、また巨大都市部では各系列が入り混じって勢力拡大に凌ぎを削っている。これらのカルテルの他に「バンダ」と呼ばれる小規模の犯罪グループが多数存在し、地域社会のあらゆる犯罪に関わっているとされる。

現在の主要麻薬カルテルは国家権力と正面対決できる武装集団である。麻薬の原料となるケシや大麻の栽培から麻薬の製造・精製・密輸に至る一連の過程を支配し、誘拐なども含め手段を選ばない要員確保策を通じて、世界最大の麻薬消費市場である米国へ商品を密輸出している。また同時に、米国内からの銃器の密輸入などによって莫大な利益を得るだけでなく、国家の法治体制を無力化するほどメキシコ各地で地域社会を支配している。

大麻やケシの栽培は、山間部の貧しい地域社会を丸ごと抱え込んだカルテルの主導で行われているとされる。種子の配布と収穫物の買い取り、地域社会の福利厚生にまで関わるカルテルもある。政府の社会保障が届かない村落で暮らす貧農にとっては、違法作物であっても貴重な収入源である。逆に地域社会の安定が確保されることから、むしろ貧農にとって麻薬カルテルは「救世主」でさえある。地形的に孤立した奥地や山間盆地の治安を守る自治体警察官の多くはカルテルに買収された一味であるとさえ言われる。なお自治体警察官の平均月収は１００ドルほどで、これは中学校中退レベルの貧困層の所得水準である。カルテルが出す手当はその数倍に及ぶと言われる。

治安悪化と国内の薬物依存症対策を迫られる状況の中で、武力による麻薬カルテル撲滅作戦だけでは明らかに限界がある。アムロ政権は麻薬カルテルを武力で撲滅する政策はとらないと明言しており、麻薬の合法化に前向きの姿勢を示している。

17章　麻薬組織の拡大と「破綻国家」への道

2018〜19年のメキシコが直面する最も深刻な問題は、前章で紹介した麻薬カルテルが絡む治安問題であった。カルデロン政権（2006〜12年）がとった軍隊投入による麻薬カルテル掃討作戦で多数の麻薬組織幹部が殺害・逮捕され、それが事態をより複雑化した。地理的にも武力・資金力でもすでに巨大化していた麻薬カルテル群が分裂し、再編成され、地域住民および地域官憲との間に確立していた「安定した関係」が崩壊してしまったからである。現在では2章で紹介したように、メキシコは治安面では「脆弱国家」状況にある。

メキシコの多くの地域社会で、警察や検察の機能がほぼ不全状態に陥っているとされる。官憲と麻薬組織は繋がっており、犯人が特定されても逮捕されない。仮に逮捕されたとしても「証拠不十分」ですみやかに釈放される。その典型的な例が2014年にゲレロ州で発生したアヨチナパ事件である（18章参照）。その結果、被害者は「無罪放免となる犯人」からの報復を恐れ、提訴することはほとんどない。同時に自治体の運営すら放棄されて、住民が自衛組織に頼って暮らすか転住せざるを得ない状態に陥った地域さえ少なからず存在する。

全国的な傾向として指摘されているのは、犯罪の99%が立件されないという現実である。資格試験もなく縁故関係で採用される自治体警察官のほとんどは何らの訓練も受けておらず、住民の警察官への信頼度はゼロに近い。**表5**でみるように国民の警察組織に対する不信感は90%に達している。軍部に対する不信度の低さと比べると極めて対照的である。警察組織そのものが麻薬カルテルに取り込まれているとされる。そして警察組織は人材・装備・予算の乏しさから明らかに本来の機能を果たせない状態にある。その結果、現場の警官たちが容易に麻薬カルテルに取り込まれる。カルテルの武装集団を元軍人や元警察官が指揮している例が、少なからず暴露されている。こうして犯罪

表5　メキシコ社会の組織・人間関係への不信度

不信の順位	組織・集団	不信度（%）
1	警察官	90.5
2	政党	88.0
3	連邦議会議員	82.3
4	連邦政府	81.3
5	州政府	80.9
6	大臣	79.8
7	自治体政府	78.7
8	選挙管理機構	70.5
9	裁判官	68.1
10	報道関係	67.0
11	労働組合	66.7
12	企業	66.0
13	公立病院	44.8
14	公立大学	43.6
15	人権団体	43.2
16	公立学校	38.6
17	軍部	34.8
18	宗教組織	34.7
19	仕事仲間	27.2
20	隣人	21.7
21	家族	18.1

出所）エクセルシオール紙（2019.1.15）のデータを基に筆者作成

の連鎖が拡大してきた。さらにそこにⅤ部で紹介するようなメキシコ特有の「汚職と免責の伝統文化」が加わって、物理的な取り締まりだけでは解決できない状況が生じている。

しかし麻薬組織の活動を活発化させた最大の要因は、前章で紹介したような長い国境線を挟んだ北側（米国とカナダ）に存在する巨大な麻薬消費市場である。加えて、それを助長するさまざまな要因がメキシコ国内に存在する。それらは、犯罪に巻き込まれやすい貧困層と格差社会の存在、汚職を当たり前の習慣としか受け止めないこの国の政治的・社会的・文化的伝統、犯罪を厳格に裁くことを回避する司法の政治的・文化的伝統であり、メキシコ社会自体が犯罪組織と共生する社会的・文化的要因をもっていることが麻薬組織の拡大を許しているのだ。その結果、麻薬組織は犯罪の加害者であると同時に、地元住民や警官・役人・政治家らと共生関係にある存在だとも言える。

まず警察関係者はカルテルに容易に取り込まれる。とくに最低賃金レベルの給与と中卒以下の教育しか受けていない自治体警察官の場合はそうである。自治体警察官採用試験がないメキシコでは、ほとんどの自治体警察はコネで入った低収入の警官からなり、違法なケシの栽培やモルヒネの密造を知っても「袖の下ひとつで」沈黙を守る。州内全域を取り締まる、待遇も教育水準も少しはましな、州警察も事情はさほど変わらないとされる。仮に正義感のある警官がいたとしても、麻薬カルテルの強力な武装集団を相手に州警察部隊といえども対等に戦うことは難しい。資格試験で採用され訓練を受けた連邦警察官の場合は、装備とモラルは比較的良いと言われるが、後述するように

「汚職文化」が根づいた社会では、カルテルが与える正規の給与の数倍の「手当」の魅力には勝てない。少なからぬ数の元警官や元軍人が麻薬カルテルの要員となって、武装集団の訓練や情報収集を担当していると言われるのも故なきことではない。

次にあげられるのが、麻薬カルテルが各地で築く地盤の1つとなる貧しい農村の存在である。モノ・カネと武力で奥地の貧農を支配し、大麻やアマポーラ（ケシの一種）を栽培させる。穀類・果物・蔬菜など市場用作物の栽培地帯では、面積や生産量に対する一定の「みかじめ料」を要求する。逆らえば家族・共同体ともども命の保証はない。トマト、アボカド、オレンジなど、メキシコの多様な気候風土に応じて栽培され市場に出荷される多くの農産品がカルテルの支配下にあるとされる。「みかじめ料」の取り立ては組織的に行われ、麻薬カルテルが地域経済を取り仕切っている。

地域住民を利用した別の犯罪もある。ウワチコレオと呼ばれる、メキシコ石油公社（ＰＥＭＥＸ）の油送管からガソリンを抜き取る違法行為である。数年前までこの言葉は新聞ではあまり見かけなかった。ウワチコレオあるいはウワチコルとは、「燃料泥棒」を意味するメキシコ独自の言葉である。もともとは品質が疑わしい「偽物」という意味合いであったようだ。また地域によっては高い木から実を落とすときに用いる用具の一部を意味し、収穫した果実を盗み取る人をウワチコレオと呼んだとされる。しかし現代では、ＰＥＭＥＸの油送管から石油を抜き取る「石油泥棒」を指す言葉として定着している。

ＰＥＭＥＸを標的とした石油泥棒の歴史は古い。現在ではガソリンの30％がＰＥＭＥＸ内部の職員が絡む不正行為で市場へ流出していると推計されており、ウワチコレオ自体はその一部にすぎない。精製所から地方の配油センターへガソリンを送るための油送管の分岐点などでバルブを勝手に開け、ガソリンを盗み、闇で売りさばくことが以前から行われていた。もっともこの類の行為は、メキシコ特有の問題ではなく、世界の産油国の多くがそのような犯罪に悩まされている。いずれも地元の貧民が関わっているが、バルブを開きバケツにガソリンを汲み取るには一定の技術を要し、危険を伴うため、そもそもずぶの素人集団だけではできない作業である。メキシコではこの数年でカルテルがこの犯罪に関わるようになり、状況が一変した。麻薬カルテルがガソリンスタンドの一部を支配下に置き、大量に抜き取ったガソリンを売りさばくルートを確立したからである。

アムロ政権は２０１８年12月に油送管の全バルブの３分の１を閉栓し、上空から軍のヘリコプターで配油ルート一帯を監視し、ウワチコレオを発見次第、現場に連邦警察隊を派遣して取り締まるという強硬手段をとった。これに対して麻薬組織の支配下にあるガソリンスタンドが警察車両へのガソリンの販売を拒否したため、連邦政府は独自に警察車両へのガソリン補給をしなければならなかったというエピソードもある。当然ながら市場でガソリン不足が生じ、市民はガソリンを買うのに長い列に並ばねばならず、メキシコ市では混乱状態へと発展した。

この事態の渦中で甚大な事故が起きた。国土の中央部に位置するイダルゴ州内で地元住民が油送管からガソリンを抜き取っている最中に火災が発生し、１００名以上の死者と多数の負傷者を出したのだ。地元住民たちはウワチコレオの実行犯ではあるが、それを取り仕切っていたのはカルテルである。地元の官憲も、恒常的に行われてきたガソリンの抜き取りを見て見ぬふりしてきた。違反行為は地元官憲も同罪である。

一般住民がいかに容易に犯罪組織に取り込まれるか、地方・中央の官憲がどのように犯罪組織と関わっているか、諸々の事件の深部とその背景を知ると、事態の複雑さと深刻さが想像以上であることに驚かざるをえない。また強大な麻薬カルテルの傘の下で各地に広がるメンバーやその予備軍には、貧しい地域の無職の若者たちが多い。貧困格差を根本的に解決しない限り、負の連鎖は止まらないであろう。

役人もまた犯罪組織に容易に取り込まれる。ここでは国境地帯の税関の役人が関与する不法銃器の密輸入を取り上げてみよう。メキシコには銃器所持規制法があるが、メキシコ社会の遵法度は官民ともに極めて低い。米国側から銃器が持ち込まれてもほとんどチェックされず、「袖の下」ひとつで容易に税関を通過する。米国から密輸入された銃器は多くの犯罪で使用され、２０１８年に発生した殺人事件数（被害者数３万６６８５名）の約70％は銃によるものであったという。

２０１９年９月にメキシコ政府は「１時間あたり22丁の銃器が米国からメキシコ側に密輸されている」として、銃器の取り締まりを米国側に要請した。しかしトランプ政権は、自国でも問題化している銃の規制にも消極的である。ただ、米国製の最新型銃器がメキシコに大量に流入しているのは事実であるが、メキシコ側の税関が前述のように密輸入を安易に見逃していること、そこでは法治体制が崩壊していることの方が、むしろ深刻な問題だと言うべきかもしれない。

次に、カルテルの武装力を示す例を紹介しよう。麻薬カルテルに対抗してコリマ州警察部隊と軍部が共闘して失敗した「クリアカン事件」である。しかもこの事件は、大統領の定例記者会見の席で政府側が「治安の改善」を報告した直後に発生した事件であった。

10月14日（月）の朝7時から行われた定例記者会見の主題は「治安問題」であった。アムロ大統領は市民安全保護大臣、国防大臣、内務大臣、海軍大臣らを伴って記者会見場に定刻に現れ、治安問題の現状と対策の概要説明を行った。その後、市民安全保護大臣から「治安回復に向けて順調に、しかし時間をかけながら丁寧に進めている」旨の詳細な報告があった。つづいて国防大臣らが各自の役割の範囲で治安回復に向けた取り組みを説明した。翌15日の各紙は前日の政府発表を「〝勇ましい〟麻薬カルテル対策の成果」として一面記事で報じた。エクセルシオール紙は「カルテルの銀行口座（1995口）を凍結」という見出しで、市民安全保護大臣の晴れやかな顔写真付きで会見の内容を詳報した。この朝（15日）は、大統領が他の公務で7時45分に退席したため、前日の政府発表をめぐり記者団と担当大臣との間で質疑応答が行われた。

このように治安の回復が着実に進んでいる旨の説明と質疑応答が行われた同日の午後に発生した

麻薬カルテルによる武装襲撃事件は、アムロ政権を揺るがす大事件へと発展した。事件の舞台は最強とされる麻薬組織エル・パシフィコ（旧シナロア・カルテルを中心とするグループ）が支配するシナロア州都のクリアカン市であった。この「クリアカン事件」を概要すると次のようになる。

クリアカン市内で発生した国内最強のカルテル「エル・パシフィコ」と州警察部隊との間の銃撃戦を引き起こしたのは政府側の不手際であった。1カ月以上かけた内偵後に市街地5カ所を封鎖して州警察部隊が拘束した同カルテルの元シナロア・カルテルのメンバー4名を連行しようとした作戦の失敗である。家族のもとを訪れていた元シナロア・カルテルの首領エル・チャポ（本名ホアキン・グスマン、米国で終身刑を受けて服役中）の息子を穏便な手段で確保した直後に、密かに流された情報によってカルテル側が数十台の車両と200名を超える武装集団を市街地に送り込み、州警察官舎の一部を占拠し人質をとって長時間にわたり銃撃を続け、市民1名と兵士6名が死亡、警察官3名が負傷する惨事に至った。さらなる被害の拡大を懸念した政府側はカルテルと取引し、確保した4名を解放したのである。しかも、この間にクリアカン市内の刑務所に収容されていた受刑者76名が脱走するという事件まで発生した。刑務所側にカルテルに通じた職員がいた結果である。

アムロは、麻薬カルテルに対して「武力行使も、取り引きも」しないと公約している。しかしここまで深刻化した国内治安をそのような方法で解決できるとは、誰にも思えないのではないだろうか。

18章　殺人・行方不明・墓穴・誘拐

メキシコ市内では、治安の改善を求める集会とデモがほとんど毎週行われている。この種のデモに多くの市民や団体が参加するのは、麻薬カルテル間の縄張り争いやカルテルと警察隊との武力衝突だけでなく、一般庶民の生活を脅かす重犯罪が日常的に多発しているからである。

まず治安の悪化を象徴する「他殺による死者数」を紹介しよう。**グラフ2**の通り、カルデロン政権1年目の２００７年には治安対策の一定の成果がみられたが、その後は増加の一途をたどり、政権交代後の２０１６年から再び増加に転じ、18年には3万６６８５名に達し、１日平均１００人近くが全国のどこかで殺されていることになる。尋常な数字ではない。人口10万人当たりでは29・97人となり（ＩＮＥＧＩの２０２０年のデータ）、世界でも治安が良いとされる日本の０・７５人（年間他殺死者数９５０名）と比べて桁違いである。

他殺と同じくらい深刻なのが行方不明事件である。メキシコでは自発的な家出や犯罪絡みの行方不明事件が相当数に上る。内務省（ＳＥＧＯＢ）の資料によると、２０１８年12月1日～19年12月31日の13カ月間に警察に失踪届や捜索願が出された人数だけでも全国で９１６４名に上った。その

グラフ2　メキシコの年間殺人被害者数の推移（1990〜2018年）

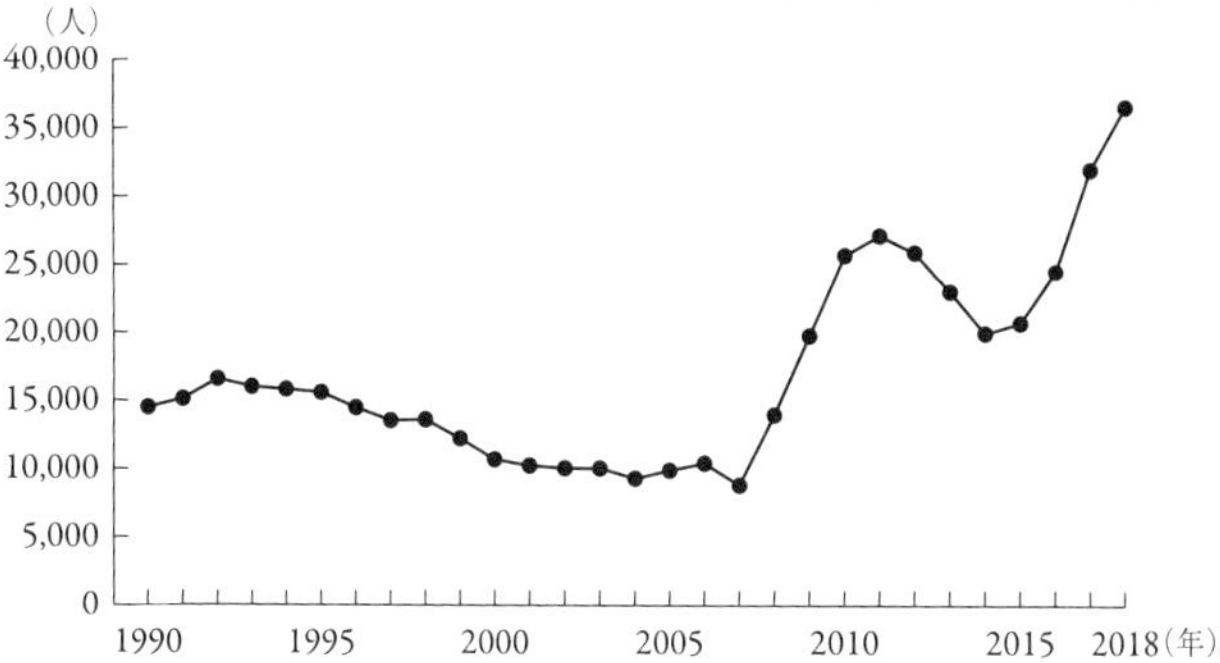

出所）UN, ODC; INEGIのデータを基に筆者作成

うち所在が分かったのは3980名（43%）で、残りの5184名は2020年1月時点でまだ行方はもとより生死さえわかっていない。なお所在が判明した3980人のうち、男性は2164名、女性は1816名であった。*

自発的に家出し、家族が捜索願を出さないケースもあるが、一方で決してあきらめない家族もいる。後者の代表的な例として、2014年9月に発生した「アヨチナパ事件」として知られる集団行方不明事件を紹介しよう。国家検察庁（PGR）によって「誘拐・殺人事件」として扱われているが、捜査は進展しておらず、真相解明を求める家族や関係者および支援者たちによる大規模な抗議デモが現在も頻繁に行われている。

事件は、メキシコ南西部ゲレロ州で起こった。同州は常夏の白浜と碧い海でひと時を過ごすために国内外から多くの観光客が訪れる、世界的に知られたリゾート地アカプルコを擁し、首都メキシコ市とアカプルコを結ぶ高速道路は「太陽の高速道路」とも呼ばれ、同時に最強の麻薬カルテルの1つ「ハリスコ・ヌエバ・ヘネラシオン」が支配する、国内有数の治安の悪い州でもある。太平洋に面した長い海岸線が、南米アンデス地域でつくられるコカインの米国市場向け中継基地の1つとなっているからだ。

ゲレロ州の平地は限られている。国土の西側を南北に貫く西シエラ・マドレ山脈が南に伸びて太平洋に迫り、その東側の細長い山岳地帯の合間のわずかな盆地に貧しい農民が暮らしている。ゲレロ州にはアカプルコのような高級リゾート地がある一方で、こうした極貧状態の集落や町も多く存在する。事件はこの内陸部の盆地で発生した。

２０１４年10月1日、州都チルパンシンゴ東部の盆地に位置するアヨチナパ農村師範学校の学生43名がバスに乗り込んだ。毎年10月２日に首都で行われる、トラテロルコ事件（１９６８年に発生した学生運動弾圧・虐殺事件）の追悼行事に参加するためだった。しかしバスが途中で地元警察の検問で止められ、そのまま全員行方不明となった。１カ月後、犯行の首謀者として北部イグアラ市の市長夫妻および実行犯として地元警察官と麻薬犯罪組織ゲレロス・ウニドス（再編される前のグループ名）の構成員74名が逮捕された。そして２カ月余を経た翌２０１５年1月、連邦検察庁（現国家検察庁）が「事件の真相」を記者会見で発表した。これによると、「学生たちは全員ゲレロス・ウニドスに殺害され、遺体は郊外のゴミ集積場で焼かれた」という。しかしこの発表内容には多くの矛盾があり、目撃者の証言も強制されたものであると主張された。さらに捜査にあたり地元

ゲレロ州都チルパンシンゴ市の中央広場に展示された43名の行方不明学生の顔写真（2016年10月）

警察を指揮していたのが政府軍であったと、有力週刊誌『プロセソ』がすっぱ抜いた。やがて世論はこれを麻薬組織・警察・軍部・政治家・司法当局が絡んだ典型的な未解決誘拐・殺人事件とみなすに至った。以後、真相究明を要求する大規模な抗議デモが首都メキシコ市を中心に繰り返し行われるようになった。

その4年後、2018年12月の政権交代で大統領となったアムロは、翌19年9月11日に被害者家族を国立宮殿に招いて、事件の再調査を約束した。19年末の時点でその結果はまだ出ていないが、2020年1月6日に内務省（SEGOB）が前章で紹介した「違法墓穴と全国行方不明者登録に関する報告」を発表した。この種の公式統計としては初めてのものである。

メキシコではこれまで犯罪多発地域を中心に、

メキシコ市レフォルマ大通りの国家検察庁前に設置された「アヨチナパ行方不明事件」の解明を求める抗議テント村

「墓穴」と呼ばれる違法に掘られた穴の中から多数の身元不明遺体が発見されてきた。行方不明者の家族やボランティア団体がそうした地域で捜索を続けており、情報の多くは地元住民から寄せられる。アムロ大統領は各州政府に命じて、「墓穴」と届出のあった行方不明者の調査を実施し、2020年1月6日に連邦政府内務省が調査結果を発表した。それがこの内務省（SEGOB）の報告書である。*

同報告書によると、1960〜2019年12月までのほぼ60年間に行方不明者として届出のあったのは14万7033名、うち42％すなわち6万1637名はいまだ行方不明とされる。この間に突出して多くの行方不明者を出したタマウリパス州（1万32名）、ハリスコ州（9286名）、メキシコ州（6887名）の3州だけで、全国行方不明者数の44％を占めた。このほか米国と国境を接するチワワ

アヨチナパ事件の再検証を求める2019年9月26日のメキシコ市内のデモ

州（3907名）、ヌエボレオン州（3799名）、コアウイラ州（3010名）、そして現在最強の麻薬カルテルの牙城とされるシナロア州（3137名）が高い数値を示している。

さらに同報告書によると、2018年12月～19年11月の1年間に全国で発見された「墓穴」の数は532カ所で、そこから合計1124の遺体が発見された。1つの穴に埋められていた平均人数は2・1人だが、2018年9月にメキシコ湾に面したベラクルス州で発見された1つの「墓穴」からは168人もの遺体が白骨化した状態で見つかっている。このケースでは遺留品から捜索願が出されていた数名が特定されたが、多くの身元は不明のままである。これだけの人数はまれだが、1つの「墓穴」から複数の遺体が発見されるのは珍しいことではない。遺留品などから身元をつきとめられない場合に

レフォルマ大通りに面した国家検察庁前に行方不明者の捜索を求める市民らがつくった死者の日の祭壇（2019年）

は、ＤＮＡを当局に持ち込んで調べる体制が出来上がっている。

なお内務省の同報告書には、「麻薬戦争」を宣言したカルデロン政権が発足した２００６年から18年までの年間行方不明者届出数が記載されている。これによると２０１６～18年の3年間、その数が最も多かったことが分かる。この期間はペーニャ＝ニエト前政権の後半に当たる。

以上からも、行方不明事件の一部は殺人・死体遺棄事件となって発覚していることが分かる。家族などが行方不明となった場合、警察にその捜索願を出すのは30％以下だとされる。自発的な家出なのか事件絡みなのか判断がつかないほど家庭や周囲の状況が複雑なケースが多いのであろう。一方で行方不明事件の中には身代金目的の営利誘拐事件として発覚するものも少なくない。たいていは政治家・企業役員・富裕層・芸能関係者など有名人・有力者やその家族が狙われるが、外資系企業の社員も対象になる場合がある。「治安の改善と正当な刑罰を求める市民会議」（ＣＣＳＪＰ）の報告によると、２０１８年には１日平均５人が誘拐され、誘拐の92％は身代金が目的であった。そして60％近くは自宅や勤務先周辺など生活圏内で誘拐されている。*

一方、２０１８〜19年にみられた新たな傾向は、有名でも富裕でもない一般人を対象とした事件が増えたことである。ＡＴＭから強制的に現金を引き出させるための誘拐や、乗客を狙う悪質なタクシーなどによるものが目立つようになった。これらは「エクスプレス誘拐」あるいは「百万長者の散策」などと呼ばれ、メキシコだけでなく南米大陸のコロンビア、アルゼンチン、ブラジルなどでも流行っているという。流しのタクシーを拾うのは、かつてからそうであったが極めて危険な行為である。さらに事前の会員登録が必要で安全とされるウーバー・タクシーにおいてさえ、運転手による乗客の誘拐事件がメキシコ市内で発生した。また、最近のアムロ大統領の定例記者会見の席で、17〜29歳の若者および幼児をターゲットにした誘拐事件が増加傾向にあると内務省人権局次官が指摘していた。

対象が有名人や富裕層だけでなく一般人の場合も、身代金を払えなければ人質は殺害される。インターネット上には家族に向けて犯人がアップした、目隠しされた人質の写真や映像が多数流布し、大衆が読むタブロイド紙には殺された人質の無残な姿が毎日のように掲載されている。

19章　治安の悪化と日常生活

一般的に、メキシコで発生する重大犯罪や汚職のほとんどに麻薬カルテルが絡んでいると指摘されている。そして歴代政権はこれらの麻薬組織こそ諸悪の根源として掃討を試みてきた。すでに指摘したように「麻薬戦争」という言葉が1994年のサリナス政権最後の大統領教書で使われていることからも、その長期にわたる深刻さを推察することができよう。それからほぼ四半世紀を経た2018～19年のメキシコが、史上最悪の治安状況にあるという認識は、国民の間にも、政府関係者の間にもある。毎日のニュース番組で報道される殺人事件の多さと手法の多様さ、そして残虐な手口は驚愕するほどだ。しかも凶悪犯罪は麻薬カルテルによるものだけでなく、一般社会にまで広がっているのだ。

メキシコ市内で昔から犯罪の街として知られ、殺人事件が多発するテピート地区に、筆者は出かけてみることにした。テピート地区はアステカ帝国時代の商業の中心地であり、植民地時代にも人々で賑わう市場があった。憲法広場から数ブロック北に位置し、ノミの市として知られるラグニーリャ地区のある、いわゆる昔からの下町である。ここはあらゆる犯罪の巣窟として知られ、昼間でも1人で、物見遊山で出かけるところではない。友人の紹介でこの分野に相当の知識のあるメキシコ人に車で案内してもらった。

記憶に残る40年前の姿を探して車をゆっくり走らせてもらう。まず市街地と公共施設の整備が格段に進んでいることが分かった。しかし案内人の話では、このような一見普通の街並みの中に犯罪が潜んでおり、突如として表面化するのだという。露天商が所狭しと街路を不法に占拠する地区、そしてそれと隣り合わせの静かな住宅地を通過する。もちろん車中から観察しただけでは実態はわからない。商店の多くは「みかじめ料」をとる犯罪組織に管理されているという。印象的だったのは、真昼の街路にそれとわかる売春婦が並んでいたことである。「性サービス業」はメキシコでは合法である。彼女たちは「売春婦」ではなく「性サービス業者」と呼ばれ、組合も存在する。

厳重に警備された建物や公共施設の多くは安全地帯と言えるかもしれない。筆者が頻繁に利用するメキシコ市立図書館は市内でも有数の大規模図書館で、その中の新聞雑誌資料室では直近30年分の主要紙・雑誌を現物で読める貴重なところである。この資料室にたどり着くには、複数の警備員のいる入口を通り、ここで荷物類のチェックが行われ、鞄類は預けなければならない。それが終わると、別の警備員が入り口でチェックする各資料室の中に入れる。筆者の場合、氏名と身分を記帳した後に身分証明書としてパスポートを預けなければならない。

多くの大企業の事務所が入っている近代的な高層ビルでは、警備員に入口で誘導されて建物の中に入っても総合案内所で訪問先を告げて面会する相手の確認が取れないとそれ以上中には入れない。ここでもパスポートを預けなければならない。私立大学でも学外者が入校するにはほぼ同じ手順を要する。

毎日のニュースで流される行方不明事件、誘拐事件の発生、死体の発見は、麻薬カルテル間の抗争によって引き起こされるものとは限らない。ちょっとした盗みが簡単に殺人事件へと発展してしまうような社会的風潮が常態化してしまっているからだ。それを容易にしているのは警察と検察の捜査力の低さと野放し状態の銃器である。その結果、犯人の逮捕率は低く、いつでも誰でも、大小の犯罪に巻き込まれて射殺される危険があり、巻き込まれれば運命であるとしか言いようがない。

治安の悪化は、街中を歩いていても実感する。メキシコ市での暮らしの中では、銀行や公共施設の出入口に防弾チョッキを着け、銃を所持する警察官がいるのは当たり前である。中間層が住むようなマンションでは、管理人の他に警備員を常駐させている。夜の徒歩での外出は厳禁である。日中でも路上と公共交通機関は危険地帯である。公共交通機関が発達している首都に住む中間層が、無理をしても自家用車を所有してラッシュ時の渋滞するなかを車で通勤するのは、公共交通機関が犯罪多発の公共スペースであるからだ。

メキシコ市内を走る12路線から成る地下鉄網を舞台とした4大犯罪集団の実態を、有力紙『エクセルシオール』が特集したことがあった。２０１８年の1月から8月にかけて地下鉄で起こった犯

アラメダ公園を警備する騎馬警察官

罪件数は犯人が逮捕されたものだけで488件。犯人の多くは捕まらないので、実態はこの数字よりはるかに多いはずである。狙われるのは財布と携帯電話（スマホ）で、時間帯は始発の5時から最終便の夜中の12時まで時間帯に関係なく起こっているという。ラッシュ時には後ろから押すようにして襲いかかり、財布とスマホを強奪して素早く立ち去る。ラッシュ時外では2～3名からなるグループに取り囲まれ、抵抗すれば暴力で狙ったものが奪われる。周辺の乗客は誰も助けない。

バスの場合、幹線道路の専用路線を走るメトロバスは比較的安全だが、市内を広くカバーしている旧い車両が走る路線バスは、車体そのものから座席の座り心地、料金の支払い方、運転手の質に至るまで20年以上前とほとんど変わらない。このような路線バスではスマホと財布を狙う犯罪がもっと多発している。日中の比較的空いた時間帯を襲った2人組強盗のケースでは、1人が銃で運転手を脅して走行させている間に仲間が乗客全員に携帯電話と財布を出させ、バッグからスマホを取り出すのに手間取っていた乗客をその場で射殺した事件が報道されたことがある。この種のバスにも監視カメラが徐々に装備されだした2019年後半には、犯行の一部始終がテレビのニュース映像で流されるようになった。

この種のニュース映像で見たある事件では、2人組の乗客（犯人）がおもむろに立ち上がった路線バスの中で、1分足らずの間に犯行を終了し、バスを止めさせて平然と立ち去った。この間、乗客は犯人たちの顔を見ないようにうつむいて自らスマホを差し出し、犯人はそれらを持参した大きな布袋に投げ込んでいた。また別の事件では、自宅前で車を止めて降りた直後を襲った2人組の犯人は、1人が被害者を殴り倒す間にもう1人が車のカギを奪い、車を発進させ、路上にうずくまる被害者を後にして去っていった。

このように監視カメラやスマホの急速な普及によって犯行が可視化され、毎日発生するスリ・ゆすり・たかり・強盗・殺人事件の少なからぬ事件の様子が、ニュース番組やインターネット上で映し出される。監視カメラが急速に普及しつつあるのに加えて、昼間の街中で起こる事件現場に居合わせた一般市民がスマホで撮影しているからであろう。映像で見る犯行の多くは驚くほど安直で、素早い。犯人のほとんどは拳銃をもっている。コンビニ店を襲う犯人たちもピストルで他の客を脅している一方で、仲間がレジから現金を素早く奪い取り、店外の駐車場で待機する車で逃走する。

車そのものを奪い取る場合には、追い越し車線から走行中の車の前に回り込んで止めさせ、銃を突き付けて運転している人物を引きずり出し、そのまま車を走らせて消えていった。人通りのある歩道でスマホをみながら歩いていた女性が、突然後ろから腕で首を絞められ、意識不明で倒れたその手元のスマホと投げ出された所持品を素早く奪って逃げたケースを見た。犯人を追いかける通行人は誰もいなかった。

普通のレストランでも凶悪事件は起こる。客のふりをして入るなり拳銃強盗に早変わりした3人組の犯人たちが、拳銃で監視する者、客のスマホと金品を奪って持参した大きな袋に手際よく投げ込む者、従業員を脅してレジの現金を奪う者という役割分担で作業を数分で完了すると、素早く店外に出て待機していた車で逃げ去った。別のケースでは、メキシコ市内の幹線道路の渋滞した車の間を徒歩で目指す車両に近づき、拳銃を突き付けて窓を開けさせ、車内のあらゆるものを強奪していく様子を映した映像では、だらだらと動く車列から誰一人として車外に出て来る者はなく、犯人たちは車間をぬって徒歩で悠々と現場を離れていった。いずれもテレビで流された市民の日常生活の昼間の出来事である。

犯人の多くは監視カメラに映っていることなど気にしないほど大胆である。監視カメラはこれらの事件を一部始終映している。犯人像もかなりはっきりと分かる。しかし警察の出動はほとんどなく、また検挙率は通報される事件の1％にも満たないとされる。それどころか要請によって出動した警官たちが逆に襲われる事件さえ起こっている。２０１９年10月にはミチョアカン州で、地元の要請によって出動した14名の州警察官グループが待ち伏せしていた30名近い集団に襲撃されて13名が殺害されるという事件が発生した。メキシコ市内では、同じく市民の要請で出動した複数の警官が数十人の住民に囲まれ、パトロールカーから引きずり降ろされて集団リンチを受けた光景がテレビで流された。現政権下では警察官の拳銃使用が厳しく制限されている上に、人通りの多い昼間の事件であったから、警官たちは銃を使うことができなかったのであろう。

このようにすべての犯罪が麻薬カルテル絡みであるわけではない。どこでも発生する金品目当ての強盗グループが常に銃器を所持していることが市民に大きな恐怖をもたらしているのだ。そして実際に殺される場合があるからだ。

メキシコで暮らす日本人も「金持ちの外国人」というイメージから犯罪の対象となりやすい。メキシコで営業ないし操業している日本企業が会員となっている「メキシコ日本商工会議所」が公報している「治安に対する注意事項」を読むと、メキシコで暮らす場合、どのようなことに注意を払う必要があるかがよく分かる。現地企業で働く日本人たちは、出勤ルートを固定しないよう忠告されている。また退社は明るいうちに帰宅すること、夜間の外出は不要不急の場合を除いて禁止である。車での移動は単独ではなく複数で出かけるか、運転手を自社に所属するメキシコ人運転手とすること等々が書かれている。

地下鉄プラットフォームの警官

このような治安悪化に対して、現政権は「治安の回復」を最優先課題の1つに挙げて、従来の連邦警察に代わる国家警備隊（ＧＮ）創設のための憲法改正を含めた法整備を行った。ＧＮの創設は強権政治の始まりであると批判され、武力を背景にしたアムロ大統領の独裁化への第一歩であるという懸念の声が当初は高かった。しかし施政1年の時点で軌道にもまだ乗らないＧＮを、世論調査によると国民の60%前後が支持している。

20章　麻薬と銃器密輸をめぐる米国との関係

メキシコの麻薬カルテルによって引き起こされる治安問題が、米国の麻薬市場と密接に絡んで悪化してきた背景を16章で紹介した。またメキシコの麻薬カルテルが米国から密輸入する銃器類が、一般の犯罪でも広く使用され、２０１８～19年には最悪の治安問題を引き起こしている深刻さについても前章で紹介した。本章では、麻薬カルテルの撲滅と治安の回復はメキシコ国民が政府に求める最優先課題であるだけでなく、メキシコと米国両政府にとっても重要な課題であることを、「メリダ・イニシアティブ」を中心に紹介しよう。

「メリダ・イニシアティブ」とは、２００８年から現在に至るまで継続して行われている米国のメキシコ麻薬カルテル撲滅対策への支援政策である。１９９０年代までの米国側の麻薬取締作戦は、コロンビア国内の麻薬カルテルの撲滅とカリブ海域の密輸ルート壊滅に焦点が当てられていた。この作戦が成功すると、米国はメキシコとの国境地帯を監視するために国境警備隊を増員し、麻薬を運ぶ不法移民の入国監視を強化した。しかしメキシコと米国の間にある３１４１キロに及ぶ長い国境線をすべて厳重に管理することは不可能であり、メキシコとの共同作戦が不可欠である。しかし

図2　メキシコ・アメリカ国境地帯

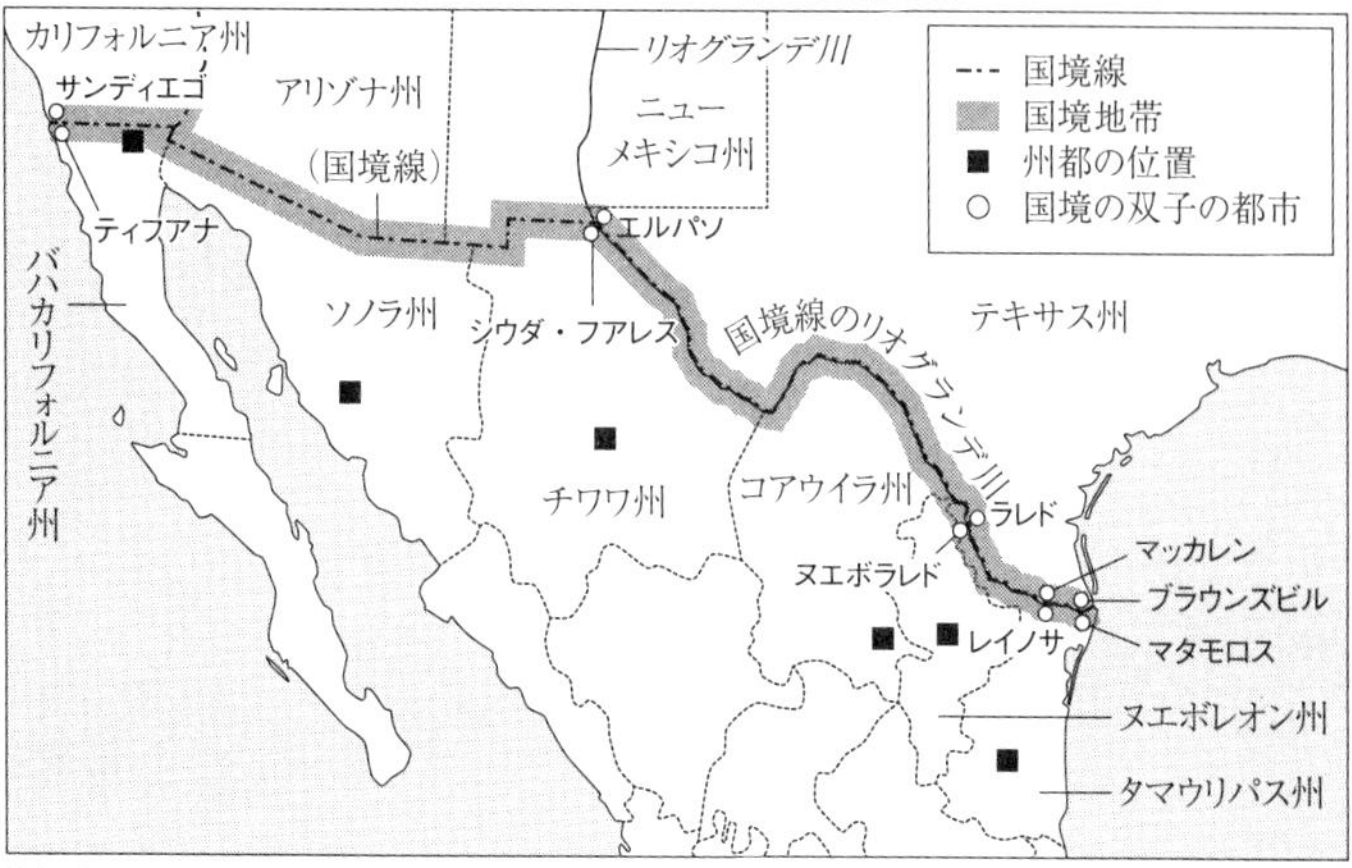

注）○は国境を挟むメキシコと米国の主要都市。
出所）筆者作成

国境問題に関する米国とメキシコの「想い」は後述するように相容れない。

図2で見るような国境線を挟んで幅100キロの国境地帯は、かつて両国民が自由に行き来できた。しかもその全域は、170年前まではメキシコの領土であった。米国側の国境監視の強化が、それまで比較的自由に国境地帯を行き来してきたメキシコ人にとっては、米国の横暴に見えたとしても不思議ではない。したがって国境警備と麻薬の密輸が米国側の問題であっても、メキシコ側には自国の問題であるという認識はあまりなかった。米国内に巨大な麻薬需要があるから、そこに麻薬を密輸しようとする犯罪組織が増殖するのだという感覚であった。

しかしメキシコ国内で麻薬カルテル同士の縄張り争いが激化し、麻薬の運び屋にするために一般人が誘拐され、不法移民を強制的に荷担させての誘拐・殺人事件が増加すると同時に、国内でも麻薬依存症の問題が深刻化した。それでもメキシコには、米国と一体となって麻薬問題に取り組むことには抵抗感があった。それは国境をめぐる歴史に関係するトラウマである。

コロンブスが「発見」したアメリカ大陸という、ヨーロッパ人にとって未知の大陸のほとんどを領有したスペインが、その衰退の過程で北アメリカ大陸の北東部をイギリスに奪われ、中央部をフランスに占領された後の1821年に、メキシコはスペインから独立した。その時点でもまだ現在の米国の中西部はメキシコの領土であった。しかし北米大陸の北東部を侵略して植民地を建設したイギリスから1776年に独立した米国は、1821年にスペインから独立したメキシコの移植民政策の失敗により1836年に独立したテキサス共和国（現在のテキサス州）を1848年に併合した。これに反対して国土回復を目指して戦争に突入したメキシコはメキシコ市を米軍に占拠され、戦いに敗れて、現在の国土面積を上回る領土を米国に割譲したという苦い経験を現在までトラウマとして引きずっている。写真で見るように、メキシコ市のチャプルテペック森林公園の中には、侵攻してきた米軍と最後まで戦って死んでいった6名の少年兵を祀る6柱の「英雄少年兵記念碑」が建てられている。そして祭日となっている9月13日には、現在でも大統領が臨席して追悼式典が毎年行われ、メキシコ国民のナショナリズムの原点となっている。それだけではない。19世紀末から20世紀初期にかけてメキシコに進出した米国の民間企業は石油と鉱山の開発、鉄道建設、プランテ

チャプルテペック城を背景にした「英雄少年兵記念碑」

ーション経営などに莫大な資本を投下し、メキシコ人労働者を半ば奴隷状態で酷使した。そして1910年に勃発したメキシコ革命では、米国の資本と米国人の財産・生命を護ることを名目に、メキシコ領土に軍隊を派遣した。こうして、自国の領土に米軍を絶対に踏み込ませないというメキシコの国是は、現在に至るまで守られている。

麻薬問題も移民問題も銃器密輸問題も、メキシコ側では21世紀に入るまで自国の問題であるよりも米国の問題と考えられていた。世界最大の麻薬市場である米国へ麻薬が流れるのは自然の理であり、農作業やきつい仕事を自国民が自らやることのない「金持ち国」へ、職を求めて「貧しい国」から人々が不法入国であれ移動していくのも自然の流れであるという基本的な感覚を、国民のほとんどが持っていると言っても過言ではない。さらに先に述べたように米国の領土の大半がかつてはメキシコの領土であり、メキシコ系米国人は約3400万人（2018年推定）、すなわち米国の総人口の約11％を占めている。その他に正規・不法を問わず入国したメキシコ人が米国で安い賃金で働いている。米国の農業はメキシコ人労働者がいなければ成り立たず、あらゆる分野の裏方で低賃金労働者として働くメキシコ人がいなければ米国人の豊かな生活は維持できないとメキシコ人は考えている。さらに近年では高学歴の専門職に就くメキシコ系米国人の台頭があらゆる分野で著しい。米国はメキシコ社会の延長上にあるのだ。

しかし国境を挟んだ麻薬と銃の密輸問題については、両国のいずれの政権も、強弱の差はあれ、「両国が共有する問題」として深刻に受け止めてきたことも事実である。運命共同体という側面もある。とくに2001年9月に発生した「米国同時多発テロ事件」後は、テロ組織の国境通過をめぐり米国の要請を受けたメキシコ政府は米国側の監視要員を受け入れるとともに国境監視体制づくりに協力した。しかし他方で、米国によるメキシコの国家主権を無視した内政干渉に対する警戒心は強く残っていた。

しかしコロンビアに代わる麻薬の生産・密輸出国になり、カルテルの拡大で治安が悪化すると、メキシコは米国に支援を求めた。2006年12月1日に大統領に就任したカルデロンは、その10日後に「麻薬戦争」宣言を出し、軍隊を動員して大規模な麻薬カルテル撲滅作戦を展開した。予想以上に高度な軍事力を持つカルテルとの対決を強いられたカルデロン政権は、翌07年3月に米国ジョージ・W・ブッシュ大統領に支援を要請し、支援と引き換えに米国が要望する密輸港への米海軍の入港や犯人の引き渡しに応じた。そして08年12月にカルデロンとブッシュ両大統領の間で署名されたのが「メリダ・イニシアティブ」である。これはコロンビアの麻薬カルテル撲滅のために米国とコロンビアが取った作戦をモデルにしているが、メキシコの場合には米軍の介入はなく、メキシコの軍隊と警察の技術的訓練・情報収集と分析・そのための最新の機材の供与などに限定されている。

当時の米国は、麻薬カルテルによって引き起こされているメキシコの治安悪化と自国内の麻薬問題に関して、「メキシコの政治・警察・司法はほとんど機能しておらず、麻薬カルテルの意のままになっており、20年ぐらいの間にメキシコが〝国家崩壊〟する」と分析していたとされる。実際に、国境地帯のメキシコ側の多くの自治体が崩壊し、自治体組織がアメリカ側の国境地帯（図2参照）に移転して遠隔管理を行うところも出現していた。メキシコの安い労働力を利用するマキラドーラ（保税輸出加工制）の製造工場を国境地帯のメキシコ側につくった外国資本は、本国から派遣する社員を米国側に居住させ、防弾仕様の車でメキシコ側に通勤させていた。

20世紀末には、メキシコのカルテルはすでに米国内の麻薬市場の70％を支配し、密輸出した大麻やメタンフェタミン、ヘロインの卸売専業と小売人たちのネットワークを米国全土につくり上げていた。そしてその卸先の麻薬小売人たちが顧客を奪い合う抗争が、米国内の治安悪化の原因となっていた。同時に麻薬依存症の問題、とりわけその若年化が深刻化していた。米国の高校3年生を対象とした調査によると、マリファナを容易に入手できると答えた生徒は84%、コカインは50%、ヘロインの場合は30%という状況であった。

このような状況の90年代半ばに、米国政府は国内のシンクタンク「ランド研究所」に麻薬対策の研究を依頼している。その結果、コロンビアと同様に資金的・軍事的支援によってメキシコ国内の麻薬カルテルを撲滅するか、あるいは自国内の麻薬市場を一掃するための措置を取るかの二者択一を迫られた。同研究所はまた、それぞれの場合に推計される予算を提示した。そしてより抜本的な対策とされる後者を採用した場合、麻薬依存症患者の治療に始まり、再教育から予防までを想定すると、莫大な財政支出が必要となることがわかったという。

国内で深刻な社会問題となっていた麻薬の大半がメキシコ経由で密輸されている事情を踏まえ、米国は前者を選び、メキシコのカルデロン大統領の支援要請に応じ、メキシコ国内の麻薬カルテル撲滅を目指して2010年までの3年間に17億ドルの資金援助を約束した。ただしこの援助計画は米国議会で容易に認められたわけではない。メキシコ国内でカルデロン政権がとった武力によるカルテル撲滅作戦で軍部と警察による拉致・拷問などの人権侵害の多発、メキシコではあらゆる犯罪捜査で慣例となっている不起訴処分の実情が、米国議会で問題視されたからである。軍事力だけでは本質的な解決にならないことが認識され、「メキシコの警察能力の向上と司法の正常化」の必要性も確認された。さらに、米国内の麻薬需要と米国からメキシコへの武器流入がある限り、メキシコの麻薬組織を無力化することは難しいという認識も固まった。この米国政府の認識は、国連人権委員会やアムネスティ・インターナショナルなどの見解とも一致したという。

このように多少の曲折はあったが、２００８年6月30日に、米国側からは国務省・司法省・国家安全保障局・国防総省・中央情報局（ＣＩＡ）・連邦捜査局（ＦＢＩ）・麻薬取締局が、そしてメキシコ側からは連邦議会・国防省・海軍省・公安省・連邦検察庁・国家情報安全センターが参加する大規模な麻薬組織撲滅作戦となって展開されることになった。

メリダ・イニシアティブは、正確には、メキシコと中米7カ国を対象とした麻薬・不法移民対策に関する支援協定である。米国はメキシコと中米諸国に対して、情報の収集・分析に必要な機材の供与から、人材育成、麻薬取締部隊の装備の提供と訓練、武器およびヘリコプターや飛行機の提供、さらに関係する地域住民への対応策に至る、きめ細かな支援を供与することになっている。米国議会が認めた予算の大半はメキシコに向けられているが、メキシコ側からみると国防予算の約２％を占めるに過ぎない。メキシコへの支援額が最高に達した２０１７年は、年間1億３９００万ドルが米国議会で承認された。トランプ政権は18年度予算でこれを８５００万ドルに削減したが、メリダ・イニシアティブ自体は継続されている。しかし米国の干渉を拒むアムロ政権のメリダ・イニシアティブに対する姿勢は不透明である。米国の支援なしで、独自に麻薬カルテルと対決する道を模索しており、一部の麻薬の合法化も検討している。

上：アラメダ公園内にはられた抗議の横断幕（2018 年）。

「みなが国家権力のテロの犠牲者である !!」

「連れ去られた者たちが生きていますように！」

「われわれは彼らが生きていてほしいと願っている！」

下：メキシコ市インスルヘンテス地下鉄駅近くで待機する機動隊（2018 年）。アムロ政権に代わってからはほとんど出動しなくなった

V部　汚職大国メキシコ

21章　メキシコの汚職文化

汚職は万国共通のものである。しかしメキシコの汚職と政治腐敗は伝統文化の域に達しており、「社会の中に増殖したガン」とさえ言われる。ラテンアメリカ諸国は総じて「汚職大国」であり、政治腐敗度の国際比較ランキング（次章参照）では常に上位を占めるが、その中でもメキシコは突出している。

この国を熟知する外国人の多くは、ビジネスや生活の中で、その「汚職文化」を必要悪と受け止めている。「賄賂《わいろ》は、人間関係やビジネスを穏やかでスムーズなものにし、かつ効率的に事を運ぶための潤滑油」と受け止めているのだ。一方、メキシコ人には日常生活の中で行われる小さな不正に対する「汚職感覚」はあまりない。公私の区分が非常にあいまいであるだけでなく、公的なものを少し私的に利用することは許されており、むしろ当たり前の行為であると考えているようにみえる。

こうしたメキシコの「汚職文化」は世界的に有名で、事例研究や体験記などが数多く発表されている。それらの中で、メキシコ系米国人歴史学者、ニューヨークタイムズ紙のベテラン記者、および長くメキシコで暮らした日本人研究者が取り上げた「メキシコにおける汚職と腐敗」の一部を紹介しよう。

まず、メキシコ系米国人の歴史学者ラモン＝エドアルド・ルイス（1921〜2010年）はメキシコの「汚職文化」が形成された歴史過程をしばしば取り上げた。その中でも代表的な著作である『メキシコ――なぜ少数だけが金持ちで、国民は貧しいのか*』における現代メキシコ社会の汚職文化形成論は、後述するように興味深い。ルイス教授はカリフォルニア大学など米国の大学で生涯教鞭を執り、メキシコ人であるが「米国の優れた歴史学者」の1人として知られる。

次に紹介するのは、5章でも取り上げた1980年代のメキシコを描いたベストセラー『遠い隣人――メキシコ人の肖像*』を米国で出版したニューヨークタイムズ紙の記者アラン・ライディングである。メキシコ・中米地域を対象とするニューヨークタイムズ社メキシコ支局で政治経済関係を専門に取材する報道記者であった。本書はスペイン語に翻訳され、メキシコ国内では一時発禁書の扱いを受けた。この著作の中には、大統領や大臣・政治家・官僚・裁判官から中学校中退レベルの地方の警察官・最下級の公務員、さらには労働組合幹部まで、ありとあらゆる公職者が収賄者として登場する。この著書の特徴は、単なる外国人記者が記録したルポに留まらなかったことにある。

ライディング氏はこの著作を完成させるに至る過程を記述した謝辞で、ニューヨークタイムズ社から長期休暇をとりメキシコ大学院大学に籍を置いたこと、メキシコでは広く知られた著名な研究

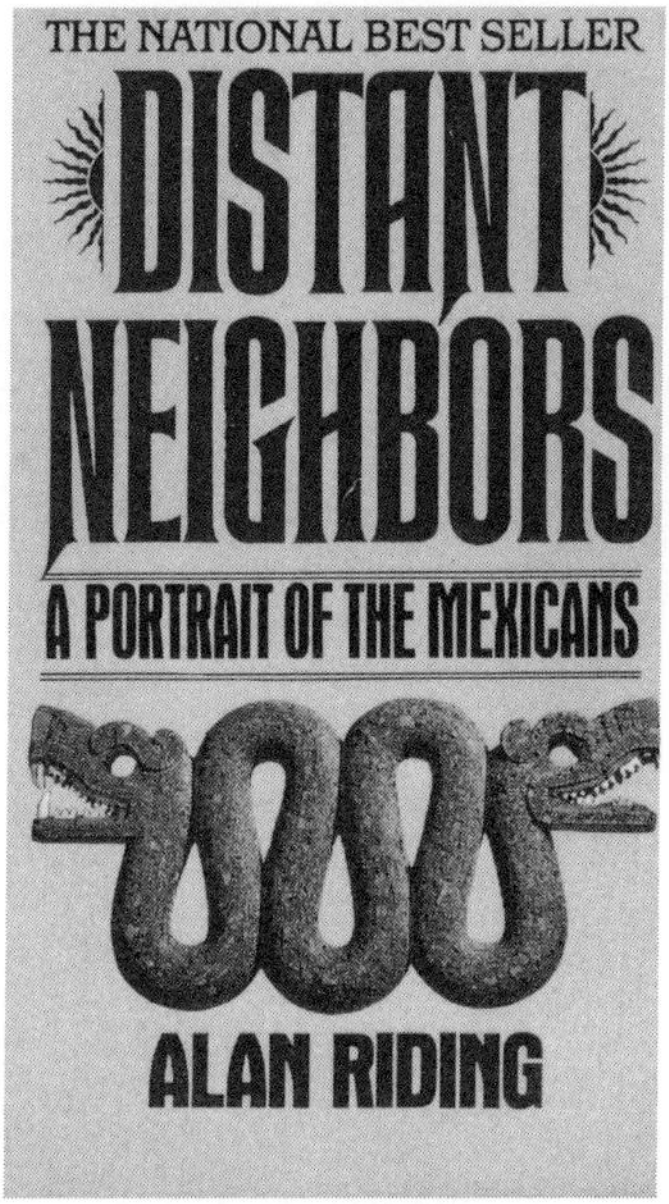

アラン・ライディング著『遠い隣国』のペーパーバック版の表紙

者たちに草稿を読んでもらって示唆や助言を受けたことを明記した。その結果、名前を挙げられた著名人たちは後にあちこちで弁明を迫られたことが知られている。

なおメキシコ大学院大学は人文社会科学関係の大学院課程を中心にした、少数精鋭主義を貫く、国際的に知られた研究教育機関である。国際関係学部を除く専攻分野には大学院課程しかない。制度的革命党（ＰＲＩ）政権時代には政府のシンクタンクの役割を果たし、政府との間に緊密な関係があった。このような背景から推測すると、ライディング氏が紹介したメキシコの汚職文化を、メキシコを代表する知識人たちも概ね肯定していたと言っても過言ではないであろう。この著作は米国内で45万部を売り上げ、ベストセラーとなった。そしてなぜかライディング氏はメキシコ政府からメキシコに貢献した人物に贈られるアギラ・アステカ勲章を授与され、その後のメキシコ関係の著作はなく、パリのニューヨークタイムズ社ヨーロッパ支局長として演劇やオペラなど文化面の記事を書いてその名が知られた。

3人目の田辺厚子氏（1935～2006年）は、日本とメキシコ双方の文化をそれぞれ紹介したことで知られる。日本の大学を中退して1966年にメキシコに渡り、最高学府であるメキシコ国立自治大学文学部で学び、大学院で修士号を取得、同大学外国語センターのアジア語部長や文学部助教授を歴任した。メキシコ生活の後半にはバハカリフォルニア州北部の国境の町ティフアナに設立されたフロンテーラ・ノルテ（北部国境の意）大学院大学の教授に就任した同氏は、長年にわたる日本とメキシコの文化交流への貢献が評価されて、日本国外務大臣賞を授与されている。日本国内でもメキシコに関する著作を10冊以上出している。そのなかの『ビバ！メキシコ』*と『住んでみたメキシコ』*で、自身が体験した「矛盾と混沌が渦まく〝不思議な世界〟」としてメキシコの日常生活に定着した汚職文化の一端を紹介し、摩訶不思議なメキシコ社会を「カフカの世界」として描いている（25章参照）。

以上の著者たちは20世紀末メキシコの汚職文化を紹介したが、21世紀に入っても事情はさほど変わらないように筆者には思える。ただ21世紀に入ってからメキシコ人による汚職事件の暴露・検証本が次々と出版されていることに驚いている。2000年の歴史的な政権交代によって71年間政権を独占してきた制度的革命党（PRI）から国民行動党（PAN）へと政権が交代し、2期12年間PANが政権を担ったことと関係しているのだろうか。しかし国際NGOフリーダムハウスによる「報道の自由度」に関する国際比較*によると、言論・報道の自由はまだ限定的である。

しかし少なくとも2010年代に限っていえば、メキシコの権力者の汚職に関する報道は、どこまで真実かは別にして、名誉棄損にならないかと心配するほど放出されている印象がある。もっとも、そもそもメキシコ国内で暮らす者にとって「汚職」は日常的な「慣習」であり「文化」である。暴露されても大きな痛手にならないのが一般的である。その汚職と政治腐敗が慣習・文化としてどのように根づいたのか、次に主としてルイス教授の説に基づいて簡単に紹介しよう。

ルイス教授はメキシコの汚職体質の根源を、メソアメリカの古代文明とスペイン植民地支配に求めた。いずれも支配者への完全服従を強いられる絶対主義社会であり、人々は上からの命令がいかに理不尽であろうとも忠実にそれに従い、沈黙することで生き延びた。なおメキシコ史における「古代」は、1492年のコロンブスによるアメリカ大陸「発見」以前のさまざまな文明の長い盛衰期を意味している。

支配者は、時代によって酋長であり、族長であり、王であり、地域のボスであった。また私生活では、複合家族の長であり、家長であり、夫であり、父親でもあった。そしてスペイン植民地支配に根づいた政治・経済・社会・文化の中に、より根深い汚職と腐敗の要因があるというのが、ルイス教授を含め多くの歴史家たちが指摘するところである。汚職と政治腐敗は、古今東西共通の征服・統治・支配の過程で造成されるものでもある。

300年間つづいた植民地時代の宗主国スペインは富の収奪にしか関心がなく、植民地統治機構のポストのほとんどは現地に移住したスペイン人に売却され、徴税の一定部分が彼らの取り分として認められていた。地理的に遠い植民地の事情を知らないスペイン王室に対して徴税を請け負った現地のスペイン人たちにとっては、どのようにしてより多くを徴収し、本国への送金をいかに少なくして自分の取り分を増やすかが最大の関心事であり、そこには正直に規則や約束を守るという文化が育まれる余地はなかった。したがって「公金をいかにしてかすめとるか」があたりまえとなり、また誰もが沈黙を守ることでやがて自分にも「おこぼれ」がまわってくることを知っているという周辺の者たちの行動パターンが文化となり、所謂「植民地文化」が形成されたのだとされる。

最後にもう1つ、現代メキシコの汚職文化が国際社会でどう評価されているかをみておこう。国際政治経済に関する有力誌であるイギリスの『エコノミスト』の傘下にある調査部門のエコノミスト・インテリジェンス・ユニットが毎年発表する世界各国の民主主義指数である。* この指数は、①選挙過程と多元性、②政府機能、③政治参加、④政治文化、⑤人権擁護という5部門（各60項目）に関する専門家の回答に基づいて算出される。2018年の調査では167カ国・地域が「完全な民主主義」、「欠陥のある民主主義」、「混合政治体制」および「独裁政治体制」の4つのカテゴリーに分類されていた。メキシコは日本と同じ「欠陥のある民主主義」というカテゴリーに位置づけられている。ただしこのカテゴリーは上位と下位に二分されており、メキシコはその下位に、そして日本はその上位に位置する。メキシコは総合点6・09で73位、日本は7・99で24位であった。

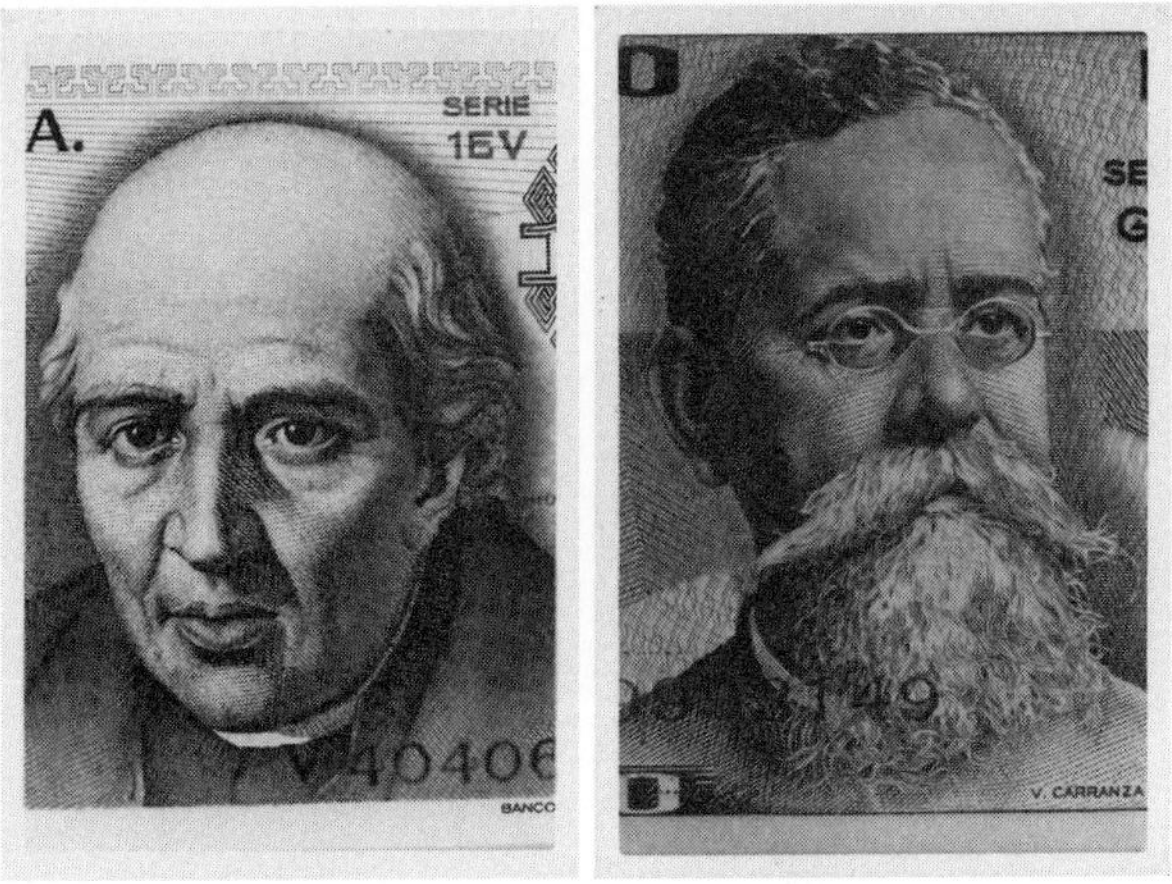

紙幣に肖像が採用されたカランサ（右）とイダルゴ

メキシコの評価を部門別に比較してみると、④政治文化が突出して低く、総合点を引き下げている。①②⑤の3部門では日本よりやや低いが、③政治参加では日本より高い点数が与えられていた。ちなみに政治文化の1位は、満点10点のノルウェー、アイスランド、スウェーデンで、日本は7・70である。メキシコの3・13はイラン、ギニアビサウおよびコンゴ共和国と同じレベルであった。167カ国・地域の中でメキシコ以下の国は、2・50のパキスタンとアフガニスタンとロシアの3カ国および1・88の中央アフリカ、1・25で、総合点でも最下位の北朝鮮だけだった。この種の調査の信憑性は専門家の間でも議論の分かれるところだが、本章で紹介したメキシコの汚職と政治腐敗文化論を大筋として容認できることを示していよう。

2018年の選挙過程を観察していた筆者は、ある日、目を通していた新聞の中で衝撃的な記事に出会った。それは、同年7月の総選挙でメキシコ市長に当選したクラウディア・シェインバウムが政権交代で生じる大量の離職者に対して、役所で慣例となっている「役所の備品の持ち帰り」をしないでほしいと呼びかけたことである。この記事を通じて、筆者は初めて「カランサの年」という言葉があることを知った。カランサとは、1910年代のメキシコ革命動乱期に、カトリック教会の特権と資産を剝奪した1857年の自由主義憲法を擁護する立憲主義派と呼ばれた革命勢力を率いた政治家の名である。カランサが率いた革命軍が各地で教会を襲撃し、祭壇を破壊し、宝物類を収奪したことから、その後の政権交代時に離職する者たちが役所の備品を持ち去ることを意味するようになったとされる。離職する上級公務員は自分の執務室の壁にかけてある絵画からコンピュータに至るまで持ち去り、下級の離職者は備えつけのトイレットペーパーまで持ち去るといわれる。

なお、「イダルゴの年」という言葉もある。これは任期最後の年の予算を、政治家たちが自分に都合の良い公共事業を発注し、高価な物品を購入して使い切ってしまう慣例である。ちなみにイダルゴとは、1810年に「独立の叫び」を挙げてスペインからの独立運動を率いたイダルゴ神父のことである。

皮肉だが、このような現象が起こるのは、メキシコの政治が長年にわたって安定していて、政権交代が定期的に行われてきた結果を示す現象でもあろう。

22章　国際比較でみるメキシコの汚職度

汚職の歴史は文明の歴史と同じくらい古く、その定義も幅広い。ただ少なくとも主権在民と国民の自由・平等を政治理念に掲げる近代民主国家においては、汚職すなわち「公職にある者が、私的利益追求のために職権を乱用する行為」は犯罪である。

ところで汚職を広義にとらえると、たとえ法律で明文化されていなくとも、権力者とその取り巻きとの間で交わされる巨額の贈収賄から下級公務員によるささやかな「袖の下」の受領、さらに権力者へ媚びる「忖度《そんたく》」やそれらを黙認する周囲の人々の行為までを広く含めることに異論はないであろう。法的規制がないから見過ごされ、法的規制があっても有効に機能しないから堂々と世にまかり通る忖度に類する「狡賢《ずるがしこ》い行為」はどの社会にも存在する。日本の文化と言われる「相手の心の中を推し量って」する行為、すなわち「忖度」を外国語に訳すことは難しい。少なくともスペイン語世界では「忖度」にズバリと相当する単語は筆者の知る限り存在せず、そのような行為の裏に潜んでいる「何らかの見返りを期待しながら表に出さずに相手の心の中を推し量りながら行う不正行為」という意味合いで意訳することになろう。そしてそれは、明らかに「裏心」のある不正行為で、「慣習・文化」でもある。

そもそも汚職の実態を正確に把握し、客観的なデータとして数値化すること自体が不可能に近い。なぜなら汚職を暴露するメディア、検証する検察官や判決を下す裁判官の質やレベルは国ごとに異なり、国際比較のデータとして使用することは厳密には不可能であるからだ。汚職の国際比較データの代表格とも言えるランキング・データを長年にわたって継続的に提供している国際NGOトランスペアレンシー・インターナショナルは、実務などで腐敗の現場に遭遇する人々の経験と認識に基づいて作成するデータで比較している。

なお、ある国の汚職の実態を紹介することは、その国の人々の尊厳や愛国心を傷つけることにつながるであろう。また日本の読者にとっては、対岸の火事の類にしか受け止められないかもしれない。それでもグローバル化した世界で多くの人々が国外へ出かけ、暮らし、そして仕事をする時代に入った21世紀の世界で、滞在先の国の汚職文化の有り様を知っておくことには益があろう。さらに他国の政治腐敗の実態を知ることは、自国の政治を顧みることにつながるはずである。以下では世界有数の汚職大国とされるメキシコの汚職について、国際比較の視点から紹介しよう。

この種の世界各国を比較するデータはいくつもあるが、ここでは先に挙げたトランスペアレンシー・インターナショナルの腐敗認識指数（ＣＰＩ）*と世界銀行の世界統治指数（ＷＧＩ）ランキング*を紹介する。

まずトランスペアレンシー・インターナショナルのCPIは、先に紹介したように、世界の経験豊かなビジネスマンと国の在り方を分析する専門家へのアンケート調査に基づいて作成されており、世界銀行、アジア開発銀行、世界経済フォーラム、フリーダムハウス、エコノミスト・インテリジェンス・ユニットなど国際的に定評のある多数の機関の報告書でも利用されている。CPIデータは、①法的環境、②政治的環境、③経済的環境の3項目に大きく分けられ、世界の国・地域の公務員と政治家がどの程度汚職していると認識できるかを点数化して国際比較している。評価点の構成は先に挙げた①30点、②40点、③30点で、計100点満点で評価され、点数が高いほど汚職が少ない、クリーンな政治とされる。

2018年の調査結果では、最上位国グループでさえ80点台に留まり、世界各国で汚職は深刻な問題であることが示された。1位つまり最もクリーンと評価されたデンマークとニュージーランドの点数は87点で、ともに2015年の91点から若干評価を下げている。日本は2015年の75点から2点下げて73点であり、その政治腐敗度は先進国としては恥ずかしいレベルにある。だがメキシコの水準はこれらの国々に比べると遥かに低い。わずか29点で、前年より1点上がったものの、2015年からは2点下がり、180カ国・地域中130位という低水準であった。同点にアフリカ・サハラ以南のトーゴ、マリ、ギネアが並んでいた。このメキシコに与えられた評価は第二次世界大戦後に独立したアジア・アフリカの新興開発途上国集団と同じレベルで、世界の貧困国や独裁国からなるグループに入る。

　メキシコが位置する30点以下というのは、汚職と政治腐敗が深刻なレベルで常態化していることを意味する。政治家や官僚が便宜を図るかわりに公共事業の請負事業者から巨額の口利き料をもらい、超豪邸を提供され、その取り巻きグループとともに豪奢な生活を享受するのが当たり前といった状況を示す。汚職を手段とする利益循環の構造が出来上がってしまっているため、たとえ汚職が発覚して検察が捜査に入り、資金源が特定されても、多くの場合立件されず、裁判にまで進まない。また仮に起訴されたとしても、結果はうやむやになるのが通例である。例外的に検察庁が徹底した捜査を行い、立件して裁判所へ送検し、「運悪く」正義感のある裁判官にあたって却下されずに判定されて有罪となり、蓄財した資産を没収された例がないわけではない。しかしそれらは汚職・不正の実態の氷山の一角にもならないほど稀な例であろう。

　一方、世界銀行のWGIは、①政治の民主化度、②政治の安定度、③政府機能の有効性、④法規制の健全性、⑤法治度、⑥政治腐敗抑制度の6項目にわけて指数化し、1996年より国際比較データとして毎年公開されている。**表6**は2018年のデータに基づいて作成したものである。①「政治の民主化度」は、市民の政治参加、政府選択の自由、報道・言論・結社の自由等の観点から、②「政治の安定度」は、テロを含む非合法・暴力的な政治活動による政権転覆の可能性および政府機能の弱体化のレベルの観点から、③「政府機能の有効性」は、公共サービスと公務員の質および

表6　世界銀行のWGIでみるメキシコの政治と汚職（2018年）

項目	メキシコ		最高位国		最下位国	
	指数	世界順位	国名	指数	国名	指数
政治の民主化度	−0.01	111	ノルウエー	1.73	北朝鮮	−2.20
政治の安定度	−0.57	157	グリーンランド	1.94	イエーメン	−3.00
政府機能の有効性	−0.15	110	シンガポール	2.23	南スーダン	−0.45
法規制の健全性	0.15	83	香港	2.21	北朝鮮	−2.34
法治度	−0.67	152	フィンランド	2.05	ベネズエラ	−0.34
政府腐敗抑制度	−0.86	170	フィンランド	2.21	ソマリア	−0.80

出所）世界銀行のデータに基づき筆者作成

政治的圧力からの独立性、政策決定・実行の質、政府の政策実行性への信頼から、④「法規制の健全性」は、政府が民間部門の発展を促進するために健全な政策や法規制をどのように整備し、かつ実行しているかの観点から、⑤法治度は、当該国の権力がどの程度国民に信頼され、法治国家として法律が遵守されているかの観点から、すなわち契約の履行・財務・司法の質および暴力的犯罪のレベルなどを指数化している。そして本章のテーマである⑥「政治腐敗抑制度」は、公金の私腹化という観点から、大規模汚職だけでなく小規模の汚職、官僚による公金横領なども含め、それらを規制・抑制する仕組みのレベルを指数化したものである。いずれの項目も、＋2・5ポイントから−《マイナス》2・5ポイントの間の数値で示され、点数が高いほど統治力が良好であることを示す。

表6でみるように、2018年のWGIで示されたメキシコの最悪の項目は、「政府腐敗抑制度」の−《マイナス》0・86（世界209カ国・地域の170位）であった。次いで深刻なレベ

ルにあったのは、−《マイナス》0・67（152位）の「法治度」と−《マイナス》0・57（157位）の「政治の安定度」である。これら3項目とも1996年以来マイナス状態にあり、メキシコのガバナンスの低さは深刻である。メキシコは1994年から別名「先進国クラブ」の経済協力開発機構（OECD）加盟国であるが、1821年の独立国家建設から200年近い歴史を有するにもかかわらず、第二次世界大戦後に植民地支配から解放されて半世紀ほどしか経っていないアジア・アフリカの新興独立国家や独裁政権下にある国と同じレベルにある。とくに「政治腐敗抑制度」で150位以下の国は「袖の下」でほとんど何でも解決できる状態を意味し、上は大規模公共事業をめぐる莫大な資金の違法な流れから、下はスピード違反を見逃して交通警察官が生活費の足しにするような常態化したささやかな「袖の下」までを含んでいる。

一方、「法規制の健全性」におけるメキシコの数値は＋0・15で、209カ国・地域中83位であった。憲法を基軸とした法体系が近代国家として妥当であるかどうか、かつ実行されているかどうかの観点からみた数値である。メキシコの法体系には、現行憲法が1917年に制定された革命憲法であるという背景がある。制定後百年の間に大幅な改正もあったが、100万人の国民の血を流して達成された「メキシコ革命」の理念を実現するために制定されたこの憲法は20世紀初期の世界で最も進歩的な憲法とされ、民主国家建設の理念・国民の自由と平等・信教の自由・労働者の諸権利等々を明記した条文は健在である。人権や国民の多様性を保証する法的整備も追加されている。

しかし21章で紹介した「汚職が文化となっている」実態が「法あれど、遵守されず」と言われる現実を、この先進的な憲法から推測するのは難しいであろう。

なお先に取り上げた「政治の安定度」と「政治の民主化度」に関するメキシコの指数に関して、筆者には若干の違和感がある。非合法の政治活動や政治テロ行為などによって政府転覆や政治機能の弱体化が見込まれる度合いがマイナスのレベルであるとする「政治の安定度」の数値が意味するテロや軍部クーデターによる政権転覆の可能性を論じる見解はほとんどないからである。軍部は文民統制下にあり、１９２０年のクーデター以来一度も軍部による政治への介入と政権転覆は起こっていない。ただし麻薬カルテルによる治安の悪化は長年にわたって深刻な状況にあることは確かである。しかしメキシコの麻薬カルテルには政治的イデオロギーはなく、政治体制を変革する意図は見当たらない。そして「政治の民主化度」については、２０１８年の選挙結果でみたように国民には政府を選択する自由があり、報道の自由もある。

「政府機能の有効性」がマイナスに転じたのは２０１７年である。それまでは少なくともプラス０《ゼロ》台にあった。公共サービスの質、公務員の質および政治的圧力からの独立性、政策策定・実行の質、政府の政策実行性への信頼性などの観点から出された指数が、どのような評価からまとめられたのかとても興味を持つ。メキシコでは政府関係組織と職員は最も信頼されていないからだ。17章の表５（１４５頁）でみるように、国民の警察組織に対する不信度90％強を筆頭にして、政治家お

公正な裁きを訴えて連邦最高裁判所前に坐り込むデモ隊

よび行政・司法機関に対する不信度は70％強に上っている。メキシコ人にとって信用できるのは、家族と隣人と仕事仲間にすぎないと言っても過言ではない。

以上のような世界銀行の国際比較データで知る２０１８年のメキシコの政治的状況は、「法規制の健全度」を除く5項目がいずれもマイナスであり、国際比較でみると第二次世界大戦後に独立したアジアやアフリカの開発途上国と同じグループに入る。このメキシコの状況を概要するなら、法体系は比較的整っているが、その運用に多くの問題があり、汚職と政治腐敗は世界的にみても著しいということになろう。

23章　現代メキシコにおける汚職の構図

繰り返して指摘するが、「汚職」は万国共通のものである。しかしメキシコにおける汚職と政治腐敗は国内の有識者たちも認めるほど深刻である。一方、21世紀に入ってからは、情報公開法と公文書管理法の整備や報道の自由の確立によって、それまで闇に隠されていた汚職事件や大小の不正が次々と明らかにされている。本章では、現代メキシコ社会に蔓延《はびこ》る「汚職文化」を最もよく象徴する大統領と州知事という、中央・地方政府の最高権力者による汚職の歴史的・制度的要因に由来する「汚職の構図」を取り上げてみよう。

メキシコを含むラテンアメリカ諸国は、前章で紹介した国際比較データでみる限り、総じて「汚職大国」である。この地域はコロンブスによるアメリカ大陸「発見」に始まる300年に及ぶ植民地統治（宗主国はスペインとポルトガル）を経験した。その植民地統治の過程で定着した制度と慣習が今日の汚職の背景にはある。その根は深く、ウルグアイ、チリ、コスタリカなど少数を例外として、ラテンアメリカ諸国の多くは国際比較の汚職ランキングの上位を占める。

現代メキシコの巨悪、つまり大規模汚職の構図は、基本的には2つの歴史的要因に求められる。

1つは独立の国家形態として選択されたメキシコ特有の連邦制度である。2つ目は、制度的革命党（PRI：1910年に勃発したメキシコ革命を収束させた革命勢力が創設）による権威主義的統治体制下で形成された権力のバランス構造である。前者は強い自治権を有する各州と国家統合の象徴と位置づけられた連邦国家建設の歴史的経緯の中で形成されたものであり、後者は多様な革命勢力を統合する過程で強化された中央集権的権力構造である。

長い植民地時代の発展過程で地理的・地形的条件によって形成された行政単位を基盤とする現在の31の州は、独自の州憲法と司法組織をもち、独立性が強い。現代でこそ州およびその統治下にある自治体（日本の市町村に当たる）の財政の85％以上が連邦政府からの交付金に依存しているが、これは、1910年に勃発したメキシコ革命の動乱期を制圧し、革命成就期に改革のための体制づくりを担った革命勢力から成る、いわゆるPRI体制によって制度化されたものである。本来のメキシコの連邦制は州の強力な自治権と独立性からなり、連邦政府の財政基盤は人口に応じて国家財政を分担する州側にあった。

メキシコの連邦制度は米国の連邦制度を模範として設計されたが、スペイン植民地時代の行政単位が基盤となっており、独立当初の連邦政府は対外交渉権のみを有し、脆弱な財政基盤の上に創設された。そのため独立達成後も長期にわたって、各地域に根を張ったカウディーリョ（武力勢力をもつ統領・首長・ボスの意）たちが実質的に支配する強大な地方の権力と、国家統合を目指す中央連邦政府との間で抗争が絶え間なく展開された。植民地体制の中央集権国家（スペイン絶対王制）による略奪の政治体制を危険視する、新生国家形成に関わったエリートたちは、自治権を有する州が自己完結的に現地を統治し、対外的にメキシコを代表する中央政府を保持する連邦制度が望ましいと考えた。その結果、連邦政府には州の連合体をまとめる統括代表権のみが認められ、国民国家形成に向けた多様な機能を持たず、財政基盤は植民地時代の伝統を受け継いだ流通税・専売物品税・関税および各州の連邦政府財政分担金に依存していた。そのため、各時代が必要とする資源の有無や地理的優位性などによって生じる州の間の経済格差が大きく、また設定された各州の連邦政府財政分担金の未納によって国家財政は不安定であり、国土防衛に当たる軍隊すらも維持できないほど常に困窮していた。対米戦争（１８４６～48年）やフランス干渉戦争（１８５７～67年）の戦費は、豊かな州や地域を支配するカウディーリョたちに依存した。

そしてこの間、中央集権国家のみが国家統合をなしとげられるとする保守派と、その体制こそが植民地体制と同様に収奪の仕組みを強化するとして連邦制・地方の強い自治権を主張する自由主義派との抗争が続き、外国の介入を呼び込み、独立国家の存続の危機を何度も経験する結果となった。このような19世紀の展開を背景にして台頭した自由主義派のオアハカ州のカウディーリョの１人であったポルフィリオ・ディアスは、地方を支配する多様なカウディーリョたちを弾圧と懐柔策で取り込み、利益誘導による恩顧・功労の仕組みによって全国を統合し、35年に及ぶディアス独裁体制

（1876〜1910年）を築いた。このディアス時代は、メキシコの豊かな天然資源の開発を外国資本に委ねたことによって目覚ましい経済発展と社会の近代化をなしとげた時代でもある。しかし経済繁栄の下で誕生した中間層知識人や新たな産業の中で酷使される労働者、および輸出農業を目指すプランテーションの拡大によって土地を奪われた農民たちが自由と土地を求めて蜂起した。これが1910年に勃発したメキシコ革命である。

独裁者ディアスは自由を求める新たな中間層と奴隷的状況に陥った農民と労働者の武装蜂起によって追放され、その後メキシコは10年に及ぶ革命動乱期を経験した。そしてこの動乱を制した革命勢力は、権力の集中化と独裁者の出現を防ぎ、地方の自治権を尊重し、国民の自由と平等を掲げた1917年の革命憲法を制定した。これは連邦制度を基盤とする現代メキシコの統治の仕組みを規定した現行憲法でもある。ただし制定されてからすでに100年以上を経過しており、その間に数多くの条項が修正されている。

メキシコ革命に参加した多様な集団が武力抗争を展開した1910年代の動乱期、「クリステーロの乱」と呼ばれるカトリック信徒を中心とする保守派が反撃した20年代後半、社会主義的改革の施政を強めた改革派革命勢力が権力を握った30年代という時代の流れの中で、多様な勢力を統治体制内に取り込むために創設されたのが現在の制度的革命党（PRI）である。1929年に国民革命党として創設され、38年にメキシコ革命党、さらに44年に制度的革命党と改名するまでの間に、連邦制度の機能を実質的に中央集権体制へと変えた。その根幹にあるのが、「ＰＲＩ体制」と呼ばれる権威主義的組合国家体制と州財政の大半を連邦政府に依存するという統治体制である。

ＰＲＩは「公党」と呼ばれる公式政党として機能し、革命勢力の伝統を受け継ぐ政党として２０００年に政権交代をするまでの71年間、メキシコの政治を担った。この間、全国31州を統治する知事の候補者を中央で決定して配置した。１９９７年まで、首都メキシコ市の市長は大統領による指名で決定され、摂政・番頭・管理人を意味する「レヘンテ」と呼ばれる閣僚級ポストであり続けた。形式的な議会制民主主義の下で行われる大統領および議会議員の選挙では、全国に張り巡らしたＰＲＩの集票組織によって一党独裁体制が保持された。

独裁者および独裁政治は必ず腐敗する。メキシコはＰＲＩ体制によって１９２０年以降一度も軍事クーデターを経験せず、１９１７年の革命憲法が定めた大統領および州知事の再選絶対禁止条項を守りながら、実質的に現代メキシコの政治・経済・社会を強権で支配する体制を維持した。このＰＲＩ体制がつくり上げた利権に寄生する集団を指して、現大統領アムロは「権力マフィア」（アムロの造語）と呼ぶ。こうしてＰＲＩ体制下における連邦制度は、州知事が連邦政府に完全に従属し、連邦政府が分配する交付金を利用して私腹を肥やし、州知事がもつ絶対的な権力である裁量権と自治権を悪用して任期６年間を「私腹を肥やす期間」として利用したと揶揄されている。

多党政治の時代に入った21世紀の州政治は中央の政権交代によって変貌したが、「権力マフィア」

による汚職の構図は変わっていない。ＰＲＩ勢力の衰退に伴い、州知事の権力が自立化し、州レベルの汚職の構図もまた自動的に強化されたからである。地元に根を張るカシケ（地域を統括する統領）タイプの権力者の台頭が著しく、汚職もまた、地元有力者や麻薬カルテルと密接に関わり、途方もなく派手になった。その一例として、元チワワ州知事セサル・ドゥアルテ（任期２０１０～16年）と元ベラクルス州知事のハビエル・ドゥアルテ（任期２０１０～16年）の腐敗と汚職の実態を次に簡略に紹介しよう。

１９６３年生まれで、14歳にしてＰＲＩ青年部に入党したという生粋のＰＲＩ党員セサル・ドゥアルテは、全国農民連合チワワ州支部長やＰＲＩの州内役職を務めた後の２０００年から連邦議会議員となった。地方政治家が歩む典型的なエリートコースとも言える。この間、チワワ州内では牧場と建設業を営んでいる。２０１０年の州知事選挙で当選すると、親族・知人の多くにさまざまな役職を与え、州知事専用機による家族ぐるみの米国への私的旅行は分かっているだけで２年間に１６３回に上り、任期６年間に行った蓄財と公金横領の総額は約３兆円に上ったとされる。その上、莫大な赤字財政を州に残して２０１６年10月に任期を満了すると、米国へ逃亡した。６カ所に及ぶ広大な牧場には絶滅危惧種に指定されている珍獣や植物を収集した動物園と植物園があり、動物園には巨大なゾウやライオンから、アマゾン地域・アフリカ・アンデス地域にしか生息しない珍獣、までさまざまな動物が飼われていた。公金横領に対する訴訟が起こされていたが、２０１６年10月

『ドゥアルテ——完全なるPRI党員』の表紙を飾るハビエル・ドゥアルテ元ベラクルス州知事

の選挙で当選したＰＡＮ州知事はすべての訴えを却下させた。メキシコ連邦政府がインターポールに捜索を依頼し、米国政府に本人引き渡しを要請したのは２０１７年10月になってからである。しかし逮捕状が出るまでにさらに２年近い時間がかかり、２０１９年７月に21の罪状で逮捕されたドゥアルテはメキシコに送還された。

一方、元ベラクルス州知事のハビエル・ドゥアルテは、スペインのマドリド・コンプルセンテ大学の経済博士号を持つ若手エリート官僚として、故郷のベラクルス州政府財政企画庁長官を経て、37歳の若さで州知事になった人物である。任期途中で、汚職・収賄・不正蓄財の他に殺人事件への関与によって起訴され、任期２カ月を残して一時姿を消したが、グアテマラで逮捕されてメキシコに送還された。セサルとハビエル両ドゥアルテ元州知事は共に生粋のＰＲＩ党員であり、公金横領や収賄などの罪状で逮捕されることなど考えもしなかったであろう。しかも起訴されたのは、２０１２年の選挙で政権の座を奪取したＰＲＩのエンリケ・ペーニャ＝ニエト時代である。もっともペーニャ＝ニエト大統領自身がＰＲＩの政権復活の立役者として期待されながら、汚職にまみれていた。

２０１８年７月24日にエル・ウニベルサル紙が「汚職にまみれた知事」のリストを掲載したが、そこには全国31州のうち17州の州知事の名が連なっていた（ＰＲＩの９名、ＰＡＮの７名、ＰＲＤの１名）。州知事の汚職の度合いは、21世紀のメキシコが直面する「麻薬戦争」とネオリベラリズム経済政策と密接に関係している。前頁の表紙写真の『ドゥアルテ――完全なるＰＲＩ党員』*と18年に出版された『州知事たち――過去と現在のカシケ群』*から、州の政治権力が地元の有力者およびその取り巻きに集中する傾向が強まり、連邦政府の力が弱体化していく傾向にあることがわかる。

UNAMの政治学者が書いた『クレプトクラシア――汚職の新たな手法』の表紙

上の写真の本はＵＮＡＭの政治学者が２０１８年に出したもので、タイトル『クレプトクラシア』とは、「暴利をむさぼる政治の仕組み」を意味し、１９８０年代から２０１８年までの歴代政権の汚職を暴露している。

24章 「大統領終身年金」を検証する

２０１８年の選挙戦でアムロ候補が繰り返し公約したことで広く知られるようになった「大統領終身年金」は、不透明な闇の中でつくられた「メキシコの最高権力者たちが不正に懐に入れた公金横領問題」であると言える。

しかしこれは２０１８年の選挙公約で突如として出てきた問題ではない。21世紀に入ってから幾度も予算案審議の過程で民主革命党（ＰＲＤ）が取り上げていたし、２００６年の大統領選挙戦でアムロがすでに不透明な財政支出問題として指摘していたからだ。12年にはメキシコ国立自治大学（ＵＮＡＭ）の研究者たちによる詳細な検証本『元大統領たちの給付諸手当』*が出版され、翌13年1月にＵＮＡＭのキャンパスで開かれた1時間半に及ぶ「新刊書発表会」でも紹介された。これは、メキシコで新しい本が出ると一般に公開されて行われる、新刊書の紹介と論評を兼ねた集会で、著者と2～3名の評論家や研究者が読者の前で行う慣例的行事である。この時の全貌は、２０２０年時点でもＵＮＡＭが公開する記録映像で見ることができる。ＵＮＡＭの研究者でもある２人の著者は、大統領終身年金が違法な手段で莫大な公金を元大統領たちに支払われていることを13年に明らかにしていたのだ。しかし国民の一部で何となく知られていたかもしれないが、この著書の刊行によっても国民の強い関心を呼び起こすことはなかった。大統領終身年金に注目が集まったのは、２０１８年の大統領選挙戦中のアムロの公約と、連邦議会議員選挙で圧勝した国家再生運動（ＭＯＲＥＮＡ）が直ちに着手した緊縮財政法の制定過程であった。

同年7月1日の大統領選挙で、選挙連合「歴史をともに創ろう」が擁立したアムロが圧勝し、同時に彼が主導するＭＯＲＥＮＡが連邦議会上下両院で議席の過半数を占めると、選挙公約の目玉でもあった「緊縮財政」の中で掲げられた権力者たちの特権剥奪がいち早く現実的な問題となり、関係者およびメディアの関心を集めた。連邦議会が9月1日に開会されると、直ちに「公務員給与に関する連邦法」の制定に向けた取り組みが始まり、アムロ政権発足前に成立し、11月5日に官報に掲載された。公職にある者が公費節約のために自粛すべき項目が数多く挙げられた中で、最も注目されたのは次の2点である。1つは、「いかなる公職にある者も大統領より高給を得てはならない」とした点、もう1つは大統領終身年金と諸手当等の廃止である。

まず第1に、アムロが選挙公約で「大統領の給与6割カット」を明言していたことから、ほとんどの上級官僚の給与が大幅な削減の対象となることは自明となった。法律で定められている下級公務員の給与体系に影響を与えるものではなかっただけに、各種労働組合員を動員しての反対運動が起こることはなかった。また議会でも与党ＭＯＲＥＮＡが過半数を占めるため、「緊縮財政」の実施に対して与党内が分裂することはなく、下院では賛成多数（272対154）で容易に成立した。そしてこの過程で、議員たちが享受してきたさまざまな特権的待遇の存在を国民は知ることになった。すでに紹介したように新たな「緊縮財政」政策の下で、議員たちが従来享受してきた秘書・公用車・公用運転手の私用禁止、旅行回数の制限とファーストクラス利用の禁止、事務費・通信費・電気代・ガソリン代の節約から議場内における飲食サービスの自己負担に至るまで、細かな制限がかけられた。

先に示したように、同法案は圧倒的多数で採決された。しかし同時に、野党議員の反対、司法関係からの拒絶などがあった。司法の独立性・裁判官の高度な専門性とそれに見合う尊厳ある処遇・立場の安全性の担保などを理由として、「高額給与は当然である」旨を、最高裁首席判事が全国3千名以上にのぼる司法関係者を代弁してメディアに語った。アムロ政権の内務大臣に内定していたサンチェス・コルデロ女史は、連邦国家最高裁判所判事を20年年間勤めあげたことで、その額が大統領の給与をはるかに上回ることが話題となった。中央銀行に始まるさまざまな公的機関の上級職の高額給与と手当が明らかにされ、加えて閣僚予定者の資産も公開された。これらの子細をここで取り上げるスペースはないが、上級公職者たちが享受してきた特権の実態を国民は初めて知ったと言える。

大統領終身年金については、その制定過程を含めて実態を知っていた国民はあまりいなかったようだ。少なくとも筆者の知人たちの中に、それがどのような経緯で定められたのかを知る者はいなかった。先に紹介した『元大統領たちの給付諸手当』の出版発表会の席で指摘された発言が印象に残っている。メキシコでは書籍の出版は一般的に初版で500~1000部しか印刷されず、読者層が非常に限られている。ほとんどの国民が知らされていないこのような事実を貴重な資料に基づいて検証した成果を活かして、「権力の不正に我々（出席者）はどのような行動を起こすべきだろうか」という強い発言が飛び出した。しかし公約に含まれていた「大統領終身年金の廃止案」は、上級公務員の高額健康保険料の全額国庫負担に代表されるような補助金や給付金の廃止と同じくらいの感覚で、あるいは単なる緊縮財政の一環として受け止められていたに過ぎなかったように筆者は記憶している。もっとも大統領終身年金そのものが、そもそも「幽霊年金」のような存在として始まり、何となく知られてはいるが、その実態はほとんど闇の中にあったのだ。

アムロ候補の公約「大統領終身年金廃止」を嘲笑うような挑発的な言動で応じたフォックス元大統領も、おそらく大統領終身年金がつくられた背景を知らなかったのではないだろうか。少なくともその成立過程を熟知していたサリナスとセディリョ両元大統領はすでに年金の一部しか受け取っていなかったが、全面的な廃止案を即受け入れた。カルデロン元大統領はそれまで受給した年金を福祉財団に寄付したことを表明して、廃止に同意した。こうして、2018年12月1日、アムロ大統領が就任式を挙げたその日に、年金および付随する特権的な諸手当が完全に廃止された。結果としてほとんどのメキシコ国民は、はじめて大統領終身年金とその豪華な処遇に驚嘆したが、それが合法的な処遇でなかったことをいまだに理解していないようである。

再選絶対禁止となっているメキシコの大統領は一期6年で任務を終了すると終身年金を受給する仕組みになっていた。この大統領終身年金制度は段階的に拡張されてつくられたが、いずれの段階でも大統領文書番号が付された文書で予算がつけられた。しかし公文書開示の手続きを経て調査したメキシコの研究者グループによると、それらは大統領の署名すらない文書にすぎなかったという。当然ながら議会に諮《はか》られることもなく、官報にも掲載されてもいなかった。したがって不正な財政支出であったことは明らかである。

この大統領終身年金は、1976年にエチェベリア大統領（任期1970〜76年）が身辺警護班を制度化したことで始まっている。そして87年にデラマドリ大統領（任期1982〜88年）によって拡大され、2012年にカルデロン大統領（任期2006〜12年）によってさらに優遇化されて、信じられないようなものとなった。

まずエチェベリア大統領は、「大統領文書第7637号」（1976年11月25日付）によって、引退した元大統領の身辺警護班として将軍を指揮官とする78名の軍部警護班の任用に予算をつけた。これに終身年金と特権を新たに付与したのがデラマドリ大統領である。「大統領文書第2763号」（1987年3月31日付）によって、身辺警護班（78名の軍人）の任用に加え、①現役大臣給与と同額の終身年金の支給、②生命保険料と高額医療保険料の全額公費負担、③未亡人と未成年の子供への遺族年金、④従来の警護班に加えて25名の文官職員の採用という新たな恩典が付加された。そしてそのすべての経費が予算企画省（1992年に財務公債省に統合）予算に繰り入れられた。ときの予算企画大臣はデラマドリの指名でやがてPRI大統領候補となるカルロス・サリナスである。

以上のような大統領年金をさらに厚遇したのがカルデロン大統領である。しかも自らの任期終了直前（2012年）にさらに恩典を付加した。遺族年金の支給対象者を夫婦双方の両親、本人の兄弟姉妹・叔父・叔母・いとこにまで拡大し、さらに④身辺警護班の軍人枠を78名から425名へと大幅増員した。「麻薬戦争」を宣言して麻薬カルテルと戦い続けたカルデロン大統領が、自身および家族・親族の身辺警護の必要性を痛感していたであろうことは容易に理解できるが、誰がみても限度を超えた過剰な特権である。

以上のような大統領終身年金制度が「公務員給与に関する連邦法」（2018年11月5日発効）によって廃止され、同年12月分から元大統領4名（サリナス、セディリョ、フォックス、カルデロン）が毎月受け取ってきた特権がすべて廃止された。**表**7は2016年分を示しているにすぎないが、サリナスとセディリョの年金が極端に少額なのは先に指摘したように2名の個人秘書の給与分のみを受け取っていたからだとされる。しかしさまざまな業務をこなす専属職員の給与に関しては、サリナスには他の3名と変わらぬ高額が支給されていたことが分かる。セディリョは大統領職を退

表7　大統領終身年金の内訳（2016年度分）

（単位：ペソ）

支給対象者（任期）	年金1年分	文官職	軍人職	合　計
ロペス＝ポルティリョ大統領未亡人	1,688,736	—	—	1,688,736
デラマドリド大統領未亡人	2,026,483	—	—	2,026,483
ルイス・エチェベリア（1970–80年）	3,432,472	3,923,878	36,829,532	44,185,832
カルロス・サリナス（1988–94年）	55,000	5,997,278	36,829,532	42,881,810
エルネスト・セディリョ（1994–2000年）	55,000	962,652	36,829,532	37,847,184
ビセンテ・フォックス（2000–06年）	3,432,472	8,680,390	36,829,532	48,942,394
フェリペ・カルデロン（2006–12年）	3,432,472	14,000,107	36,829,532	54,262,111

出所）Instituto Nacional de Transparencia のデータを基に筆者作成

任した後は大企業の顧問となり、米国イェール大学でも教鞭を執っており、年金を超える収入があったことから自らの年金を放棄し、秘書2名分に相当する額しか受け取っていなかったとされる。同表の軍人警護班への支給は5名とも同額（78名分）で明確であるが、文官職員経費の内訳については公文書を渉猟したメキシコの研究者にもどのような名目で誰に支払われていたかは突き止められなかったという。

なお同表から推定できる警護班の平均1人あたりの支給月額4万ペソは、軍部の多様な階級から成る護衛班78名分としては納得がいく額である。ただし元大統領の身辺警護に要する人数として78名が妥当であったかどうかについては大きな疑問が残る。また先に指摘したように、文官職員に関する経費の内訳が不明で、庭師から料理人、あるいは名目的な「幽霊スタッフ」の給与も含まれていたかもしれないという指摘がある。

問題の核心は、以上のように大統領終身年金とそれに付随する諸手当が法的手順を踏んでいないことにある。公文書館で発見された大統領文書とされるものには大統領の署名すらなく、立法手順も踏んでおらず、明らかに憲法の定める公費支出の条件を欠いており、まさに「幽霊年金」とも呼ぶべきものであった。冒頭でも触れたようにこの大統領終身年金については、下院の予算案審議過程で野党の民主革命党（ＰＲＤ）が毎年透明化を訴えてきており、２００３年、06年、15年にはＰＲＤが具体的な改正案を提出したが、法制化には至らなかった。この間にメディアも散発的に元大統領の特権について報道したが、世論を動かすことはなかった。13年に出版された先に挙げた本も、限られた読者に読まれたにすぎなかった。

さらにこの問題に付随して、中央銀行幹部をはじめ、政権交代ごとに大統領が独自に任命する閣僚やテクノクラート（上級官僚）に与えられる退職年金や諸手当の存在も明るみに出た。これらについては、ここでは紙幅の都合で割愛する。しかしアムロの言う「権力マフィア」が国家予算の20％を懐に入れているという指摘は、数字の正確さはともかく、メキシコの汚職の深刻さを示していることは確かであろう。

25章　「カフカ的メキシコ」の話

「カフカ的メキシコ」という表現を、筆者はとても気に入っている。とんでもないことが突然自分の身に起こって困惑するという程度の感覚で「カフカ的」という表現を受け止めている自分を、不謹慎ではないかと思うこともある。

メキシコが「カフカ的な国」であるという表現にはじめて出会ったのは、21章で紹介した田辺厚子氏の著作によってであった。その後、この「カフカ的メキシコ」という表現は他のさまざまな著作でも出会ったし、筆者自身、数回だがそれに類することを実体験もしてもいる。本章では汚職に関わる「摩訶不可思議な仕組み」という意味で、田辺氏の経験と、メキシコの公的職場で普通に起こっていた現象を紹介しよう。

田辺氏がメキシコでの生活の中で「カフカ的メキシコ」を初めて経験したのは次のような状況の中であった。メキシコ国立自治大学（UNAM）で日本語講座を担当することになった田辺氏は、授業が始まって半年経っても給料が支払われないので不思議に思って大学側に問い合わせた。すると、彼女のクラスが存在しないことが分かったのだという。それだけではない。田辺氏は大学と契約書を交わしており、毎日出勤簿にサインをして事務室の複数の職員とも顔なじみとなっていた。しかし自分に支払われるべき給料を追及する過程で接触した関係者は、誰一人として彼女のことも日本語クラスの存在も認めなかったのだという。突拍子もないことがある日突然起こり、想像できないような事態に巻き込まれてしまう「摩訶不思議の世界」の中に田辺氏は迷い込んでいたのだ。

おそらく彼女の給料は大学の予算には計上されていたはずである。しかしそれはどこかで誰か別人の懐に入り、彼女の手元にまで届かなかったのだ。彼女の場合のように、自分の給与がどこかで他人の懐に入ってしまうケースの他に、架空の人物を登録しておき、その人物に公金から支給される給与などを着服する慣例が21世紀になっても存在することが報道されている。そのようなポストは「アビアドール」と呼ばれている。

田辺厚子氏著『ビバ！メキシコ』の表紙

アビアドールとはスペイン語で飛行士・パイロットを意味するが、同時に実在しないが給与が支払われている架空の公的ポストをさす言葉としてメキシコでは普通に使われている。語源についてはいろいろ探したが、まだよくわからない。有力者が数名あるいは数十名のアビアドールを持っていて、その給料をそっくり懐に入れてしまう仕組みである。それどころか、州政府ぐるみで連邦政府公教育省に虚偽の在職教員数を報告して「アビアドール教員」の給与を着服している実態すらあった。2014年に『レフォルマ紙』（5月11日付）が暴露したこのケースはかなり悪質で、州政府が連邦政府公教育省に報告した定年退職教員11万4998名のうちわずか1万8356名、すなわち15・9％の退職者数しか報告せず、残る9万6642名分の給与を組織ぐるみで横領していた。このように、公的財源からお金を引き出すわけだからしかるべき手続きが必要であり、単独でできることではない。また手続きの各段階で、誰かが気づかないはずもない。つまり実際には関係者の誰もが知っていて、見て見ぬふりをしているだけなのである。最近は「アビアドール」よりは幽霊を意味する「ファンタスマ」という言葉の方が多く使われている。「幽霊公務員」「幽霊教員」「幽霊園児」「幽霊会社」など、「幽霊」という言葉をほとんど毎日新聞で目にする。

どうしてそのようなことが大々的に可能であるのかについては、メキシコの公務員採用の仕組みや公的機関の会計処理と監査体制まで探索しなければならないであろう。しかしそれらについてここでは省略し、次にアビアドールと総称される手口を使って公金を横領する状況を概要しよう。

アビアドールは役所・警察・学校などの中に驚くような数で存在しているらしい。もちろん当局が全く無関心でいるわけではない。調査の手が伸びて、実態が明らかにされたものもある。筆者が知った例では、ゲレロ州で摘発され、事件となったものがある。この例では628人のアビアドールが発見された。２年がかりの調査の結果であったが、アビアドール保有者の中には、当時の与党制度的革命党（ＰＲＩ）や民主革命党（ＰＲＤ）などの有力野党の連邦議会議員、州議会議員、労働組合幹部、元自治体首長の名前があり、しかもそれぞれが10前後のアビアドールを所有していた。

このようにさまざまな分野に存在し、とくに連邦政府から州政府へ、さらに下位の地方自治体を経由して支払われる公金の３分の１近くは途中で消えてしまうとされていた。「いた」と過去形にしたのは、２０１８年12月に発足したアムロ政権はこの種の汚職を撲滅するために、州に対する連邦予算からの給付金はできるだけ受取人本人に直接支払われる仕組みを構築中であるからだ。

筆者が知る最大規模のアビアドール事件は、２０１０年に広く報道された「教員アビアドール事件」である。まさに「メキシコのカフカ的世界」を代表するもので、大々的に報道された一連の「幽霊教員」の存在は筆者にとって大きな驚きであった。非常に興味を持ったので、さまざまな資料で調べた。もちろんメキシコ連邦政府も暗黙の闇の実態が暴露されたことに大きな衝撃を受けたことだろう。なぜならその後に政府は教員の国家資格試験と採用の仕組みを見直し、エンリケ・ペーニャ＝ニエト政権（任期２０１２〜18年）の２０１３年に至って教育改革に取り組んだからである。

「幽霊教員」そのものの存在を筆者が知ったのは１９８０年代で、新聞記事からであった。その後もアビアドール問題はしばしばメディアで取り上げられてきた。この間、筆者は公立学校の現職教員にインタビューを試み、現場の実態を聴いたこともある。しかし２０１０年に有力紙『エクセルシオール』が詳細に報じたアビアドール問題は本当に衝撃的であった。記事によれば、義務教育課程の全国の教員１２０万人の約10％が架空のポストだったというのである。死亡した教員、廃校になった学校に籍を置く教員、１００歳を超える教員、存在しない役職に就いている教員などへの給与支払総額は、国庫が負担する義務教育の人件費の20％に相当するとのことだった（筆者の手元に残る記事のメモによる）。当時、連邦政府公教育省（ＳＥＰ）は州政府への教育予算交付にあたり、教員数や教員資格に関する正確な情報をほとんど持っておらず、州政府からの申請に基づいて教育予算を支出していたようだ。その結果、「幽霊教員」は、実在する１万９０４４校に11万７５１４名、廃校となった２９００校の４３３５名に上った。

このような大がかりな調査が行われた背景には、経済協力開発機構（ＯＥＣＤ）による２００３年の国際学習到達度調査（ＰＩＳＡ、加盟国を中心に15歳児を対象に3年毎に実施）で、メキシコが加盟国中最下位になるという出来事があった。それも平均点５００点に対して３８５点という低学力に留り、メキシコの教育関係者の間に衝撃が広がった。そして09年のＰＩＳＡでもＯＥＣＤ加盟国の平均値をはるかに下回るレベルに留まり、教育改革の必要性が指摘された。ＳＥＰは「メキシコの学校教育の質の改善のためのメキシコ・ＯＥＣＤ協定」を２０１０年に結んだが、これは教員の質の改善と教員採用の厳正化を含み、15項目の改善を明記した本格的な教育改革計画の元とな

教育改革に反対する教職員デモの光景

った。そして教育現場の実態を把握するためにＳＥＰが行った調査によって明らかにされた内容が、先のエクセルシオール紙に掲載されたのである。

　それにもかかわらず、教員のアビアドール問題はその後も発覚している。17年には全国州知事会議の席で公教育大臣が４万４０７６人の「幽霊教職員」をアビアドールとして削除した、と『エル・フィナンシエロ』紙が報じた（7月17日）。この時期には、すでに「教員に関する一般法」が成立しており、教育改革に着手されていなければならない段階であったにもかかわらず、教員組合側の資格試験ボイコットや授業放棄の多発によって教育現場が混乱していた。

　最近では、資金洗浄に使われる「幽霊会社」という言葉を頻繁に新聞で目にする。「幽霊会社」は政治家と公共事業を請け負う民間企業との間の複雑な関係の中に登場し、巨額の資金洗浄に利用されていることが明らかにされている。国庫からの支出に関わるところならどこにでも「幽霊」が存在すると言っても過言ではない。

アビアドールの存在の背景には、慣習・文化的な要因と同時に、公的機関の職場環境・働き方の非近代性と公務員のモラルの低さや労働組合の存在などが深く関わっているようだ。近年では公務員のポストが公募されるようになりつつあるが、いまだに縁故関係や人脈による採用が主流であるとされる。この場合、能力や適性はほとんど関係ない。名義貸しの場合もある。労働組合に加入しない管理職以上の公務員の勤務体制も非常に大雑把である。タイムカードなどで勤務時間が管理されていても、実務を部下に指示し、複数のポストを掛け持ちして方々に顔を出すような上級公務員もいる。その部下たちもたいてい縁故関係や人脈でそのポストを手に入れ、仕事らしい仕事をするわけではないという。

メキシコの公務員の労働時間と働き方にはかなりの自由裁量がある。仕事に集中する姿を見るのはまれであると言ったら筆者の偏見であろうか。タイムカードを押してから食堂で朝食をとり、あるいはどこか別の職場へ出かけてそこで働き、二重に公務員給与を受け取っている例が報道されたことがある。2つの公立病院で同じ曜日の同じ時間帯に勤務して給与を二重取りしていた医師の話を新聞で読んだこともある。その時には「そのようなこともありうるのだ」という気分で読んだが、本格的に「汚職文化」への観察視点をもってメキシコ暮らしをしてみると、おそらく日本ではありえないであろうことが普通にあることに驚きと興味を持つようになった。

もっとも、日本においても「消えた年金事件」や「公文書改ざん事件」など、「ありえない事件」が起きている。公文書が安易に改ざんされるようなことは、汚職大国メキシコにおいても稀であろう。24章で紹介した「大統領終身年金」に関する文書が公文書として保管されており、黒塗りだらけでなく公開されたことから判断すると、メキシコの公文書管理体制はスペイン植民地支配の遺産であるが、筆者の体験から判断しても、国立公文書館から各省庁の公文書管理は日本よりはるかに厳正である。

アムロ政権誕生以来、政権が取り組む「汚職の排除」政策によって、いたるところにアビアドールが存在していたことや汚職の常態化のすさまじさが暴露された。分立しているはずの立法・行政・司法の間にも「忖度」を含む汚職の構造は網の目のように張り巡らされている。地方警察官・地方の行政担当者・州政府・政党関係者・連邦政府の諸機関の役人・裁判官にいたるまでがその網に深く絡んでおり、「汚職関連の事件は告発されても90％は起訴されず、起訴されても99％は無罪になる」と言われるほどである。21章で紹介したニューヨークタイムズ紙の記者ライディングは、「メキシコで汚職はあらゆる制度の中に張りめぐらされていて、取り出して処分することは不可能」だと指摘した。前章で紹介した大統領終身年金も歴代大統領のお手盛りで決められ、6代の元大統領と遺族に30年以上にわたって公然と支払われてきた「幽霊年金」であった。

26章　汚職一掃に取り組むアムロ政権の賭け

「汚職ゼロ、不起訴・刑罰免除ゼロ」を公約に掲げて選挙戦を制したアムロ大統領の「汚職撲滅」への執念は強い。選挙戦で繰り返し指摘した「汚職を許さない」という公約は、就任早々に取り組まれた緊急課題の緊縮財政政策の中に盛り込まれた。その過程で次々と明るみになったのが過去の数々の汚職の実態である。

これらの改革政策は「拙速すぎる」ほどのスピードで取り組まれ、国民の一部から強い反感を買った。しかし就任後1年間のアムロ大統領に対する国民の評価は、12章で紹介したように支持率を大きく下げることはなく、世論調査の結果からみる限り国民の支持を得ている。このように国民の過半数を納得させているのは、「権力マフィア」の一員であるはずの大統領自らが特権を大胆に放棄して範を示した手順とそのイメージ作戦が功を奏したのではないかと筆者は考えている。

まず「大統領の給与6割削減」という信じがたい公約は、すでに紹介したように大統領の就任より3カ月早く開会した連邦議会の最重要課題であった公務員給与法改定と緊縮財政法に伴って制度化され、新政権の発足と同時に実施された。また選挙戦で公約した大統領の執務および活動をめぐるさまざまな改革案の多くも実施に移されている。その主な項目と実施に対する国民の反応について次に紹介しよう。ただし大統領の給与6割削減およびその他の大統領府に関係する大胆な政策は、経済協力開発機構（OECD）から求められた「危機的状況にある財政の再建」を目指す緊縮政策の一環として位置づけられていることも忘れてはならない。

アムロは、自身が好んで使う言葉「権力マフィア」の頂点に立つと、その「権力をとりまく環境」に鋭い予算削減のメスを入れることになった。その政策は多岐にわたる。なかでも、大統領の給与削減・大統領官邸の規模の大幅縮小・大統領専用機および政府専用ヘリコプター74機の売却計画は、国民に最も強くアピールしたものであろう。とくに就任と同時に実施されたチャプルテペック森林公園内に位置したロス・ピーノス大統領府政庁舎（以下、「ロス・ピーノス」と略）の移転・開放は見事な演出であった。

メキシコ市の南西部に位置する広大なチャプルテペック森林公園の一角を占めていた「ロス・ピーノス」の規模が大幅に縮小され、分館的存在であった都心部の国立宮殿に完全移転・統合された。「ロス・ピーノス」は近い将来にはさまざまな施設を備えた文化センターになる予定であるが、その前に一目見ておきたいと見学に駆けつけたのはメキシコ市民ばかりでなく、全国からやってきた見学者が連日長蛇の列をなした。大統領就任式が行われた12月1日に開放され、最初の11日間で19万人が見学したと報道された。もちろん筆者もそのうちの1人である。一般人が知りえない「権力

統合された大統領府政庁舎となった国立宮殿

マフィア」の頂点を極めた大統領の住居と執務空間を実地に見聞したメキシコ人たちのインタビュー記事が、エル・ウニベルサル紙（12月12日付）の「ロス・ピーノスの維持費はいくらか」と題する特集の中で紹介された。メキシコの大統領官邸の詳細な歴史は省くが、憲法広場に面した植民地時代の副王宮殿が独立後大統領府政庁舎として使われて国立宮殿と呼ばれ、1882年から1944年まではチャプルテペックの丘の上に建てられていたチャプルテペック城（現在の国立歴史博物館）が大統領府政庁舎となり、その後に「ロス・ピーノス」へと移転したという経緯がある。

チャプルテペック森林公園内にある「ロス・ピーノス」は厳重な警備体制の中で暮らす「権力マフィア」たちの別世界であった。ただし公開された「ロス・ピーノス」の広大な敷地の中には、大統領府政庁舎「本館」とも呼ぶべき建物の他に質素なラサロ・カルデナス大統領邸など独立した建物も点在している。これらの歴史的建造物はチャプルテペック城の

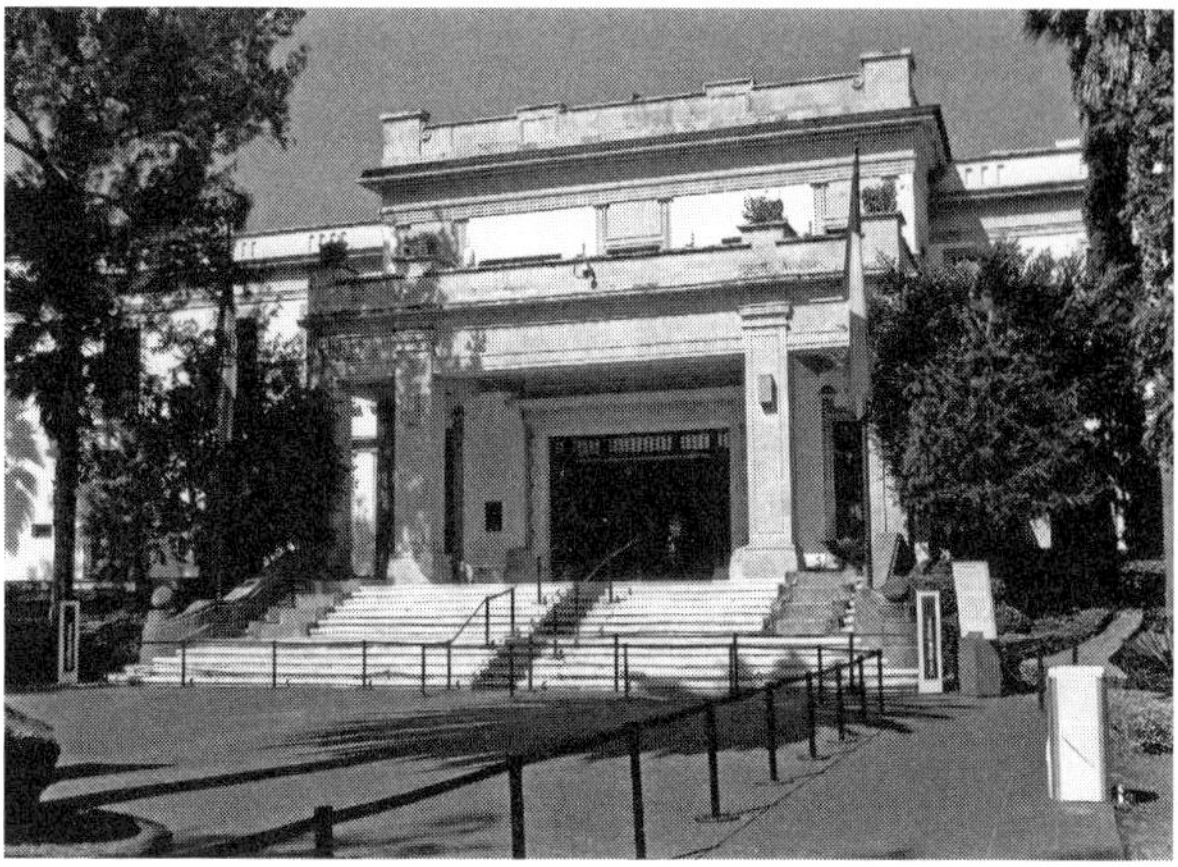
ロス・ピーノスの中心である旧大統領府政庁舎の正面入口

ような建物自体が豪華な宮殿とは異なり、全体が質素であった。とくに全館内を自由に観て歩くことができたエンリケ・ペーニャ＝ニエト前大統領が最後の大統領として利用した「本館」は、カーテン・家具類・天井のシャンデリア、絨毯など一切が取り払われて、完全に空家状態であった。こうして筆者を含めて「ロス・ピーノス」を一目見ようと馳せ参じた多くの市民たちは、がらんとした建物の中を歩きまわり、手入れが行き届いた緑豊かな庭園を散策し、立ち並ぶ歴代大統領たちの胸像を眺める以外、権力者の生活の名残りを感じることなく時間を過ごした。

「豪華すぎる」大統領専用機と政府専用ヘリコプターの売却計画も、一連の緊縮財政措置の中で行われた。大統領専用機ボーイング787－8型は、ペーニャ＝ニエト前大統領が2016年に購入し、2年余の間利用しただけで売却されることになったものである。機内は米国の大統領専用機エアフォースワンに劣らぬ豪華さだと報じられている。売却用に米国カリフォルニア州に移動し展示されていたが、その後1年経っても買い手がつかず、管理費節約のために一度メキシコに戻された。

大統領専用機を持たないアムロ大統領は、公務で遠方へ出向く際は民間機を利用する。就任時に当分は外国へは出かけないと公約したが、日本の国土の5倍以上の広さのある国内の視察訪問では空路を使わざるを得ない。一般乗客と同様にセキュリティ・チェックを経て民間機に乗る大統領と少数の側近の姿をテレビで見かける。

以上のような大統領自らが率先して取り組む緊縮財政策に対する国民の批判は少ないが、就任前後に発生した一連の事態ではメキシコ国民の大統領に対する評価は二分されたように感じた。医薬品不足、ガソリン不足、託児所の閉鎖、公務員の大量解雇、メキシコ市の国際空港移転問題、自然災害の被害者支援政策、移民問題等々、次々と難題が発生したからである。そしてこれらの問題に対処する過程で明らかになったのは常に「汚職」であった。

まず2018年後半のメキシコでは医薬品不足が深刻な問題となっていた。とくに健康保険に加入していない貧困層の医療問題、劣悪な医療サービスと医薬品不足、そして高額さが、社会問題になっていた。アムロ政権はこの問題の渦中で発足した。就任から2週間を経た12月15日の定例記者会見では医薬品不足を含む医療問題の改善策がテーマであった。この日は金曜日で、ユカタン半島の数カ所を視察する日程が組まれていた週末前日にあたり、この朝の記者会見は1時間余に短縮されて大統領は1人で登場した（定例記者会見については11章参照）。各地の医療現場を視察する日程がすでに数カ月にわたって組まれており、「セグロ・ポプラール」と呼ばれる日本の国民健康保険に当たる非正規労働者らも自発的に加入できる最低限の医療が保証された保険制度がほとんど機能していないこと、そしてそれに代わる制度を新たにつくる作業を開始したことが説明された。さらに薬不足の要因を説明する中で、製薬会社と政治家の絡む汚職に言及した。

同じ12月には、メキシコ中央部の市民生活と経済活動を脅かすガソリン不足が発生した。すでに紹介したように、この事件の背景にはメキシコ石油公団（PEMEX）職員と麻薬カルテルと一般住民が関与する大規模な不正行為（油送管からのガソリン抜き取りと横流し）がある。政府はこの不正を一掃するために、油送管網の6カ所でバルブを閉鎖し、それがガソリン供給不足に繋がった。国家歳入の40～60％を賄ってきたこともある石油公団が扱う石油資源、そこから精製されるガソリンの不正取引の実態を知ると、石油に絡む汚職がどれほど深刻であるかが想像できよう。

翌19年1月には、補助金カットによって民間託児所の多くが閉鎖され、12章で取り上げたように世論の怒りを買った。すでに紹介したようにこの種の民間託児所の多くが補助金申請に当たって「幽霊園児」を登録していたが、『ラ・ホルナーダ』紙（2月19日付）の報道によると、補助金を受けていた託児所の70％が不正申請をしており、登録された園児の25％が「幽霊園児」であったという。

　以上に紹介した事件は、政権発足直後に明らかにされたうちのごく一部にすぎない。アムロ大統領の施政1年間で暴露されてきた大小の汚職事件の数は膨大である。公金が分配されるほとんどあらゆるところで不正が明るみになっていると言っても過言ではない。これほどの汚職が常態化していることを知ると、外国人は誰もが驚くであろう。しかしメキシコ人のほとんどはこのような事態を当たり前と考えているようだ。

　前章で紹介した「アビアドール」のような公金横領はささやかなものである。ネオリベラリズム経済の進展に伴って引き起こされる外資系企業を含む莫大な贈収賄などはメディアでも取り上げられるが、この種の大汚職はほとんど立件されず、事件にすらならない。「不起訴・刑罰免除ゼロ運動」に取り組む市民団体の最新の研究によると、2012～16年のペーニャ＝ニエト政権時代の5年間に公共行政省（SFP）が告発した約4万5000人の公務員のうち、罷免されたのは1％足らずだったという。

　このようにメキシコにおいては、汚職そのものが堂々と行われ、関係者の沈黙と無視に加えて、立件されたとしても検察当局と裁判官の「寛容な判断」によりほとんどの事件で犯罪性が成立しないというところに深刻さがあるとされている。「寛容な判断」とは「証拠不十分による不起訴」や「刑罰免除」をさす。後者は植民地時代から存在する法体系の伝統的運用手法である。法律があってもあらゆる段階で「袖の下」や「忖度」が働き、「証拠不十分」という裁きで無罪放免となる

「慣行」である。

公正と平等を尊重する現代社会においても、「証拠不十分」という言葉は万能である。何らかの便宜供与と引き換えに、あるいは「忖度」により事件をほとんど検証しない現場の警察官にはじまり、証言者となることを避ける国民文化によって犯行は立証されず、裁判官は安易に刑罰免除を下し、被害者救済が無視されるという結果となる。これらは法整備が不十分な国々に共通してみられる特徴であるとされるが、メキシコは必ずしも法整備が不十分な後進国ではない。プエブラ・ラスアメリカス大学教授たちの「慣習化した不起訴・刑罰免除」に関する研究によると、一般的に現在のメキシコで逮捕された犯人の99％は「証拠不十分」を理由で不起訴になるという。*

このような「法律あれど、遵守されず」というメキシコの現状は、翻って汚職がどれほど実入りの良いものであるかを物語っている。そしてその背景に歴史的・文化的要因があるのも確かだが、司法制度の中に蔓延する「不起訴・刑罰免除」の慣行は明らかに国民の権力に対する強い不信を産んでいる。このような警察・検察・司法・政治を含む権力に対する国民の不信を払拭し、公平で透明な制度の構築を提示したのが、すでに9章で紹介したアムロの「第四の変革」の骨子でもある。大統領1期6年という短い期間で解決できるような問題ではなく、もしかしたら「汚職根絶」を重視するアムロの改革は、汚職問題に手を付けたことで自らの失脚を招く可能性さえ秘める一種の「賭け」だと筆者は感じている。しかしアムロはこの「賭け」に本気で取り組んでいるようだ。

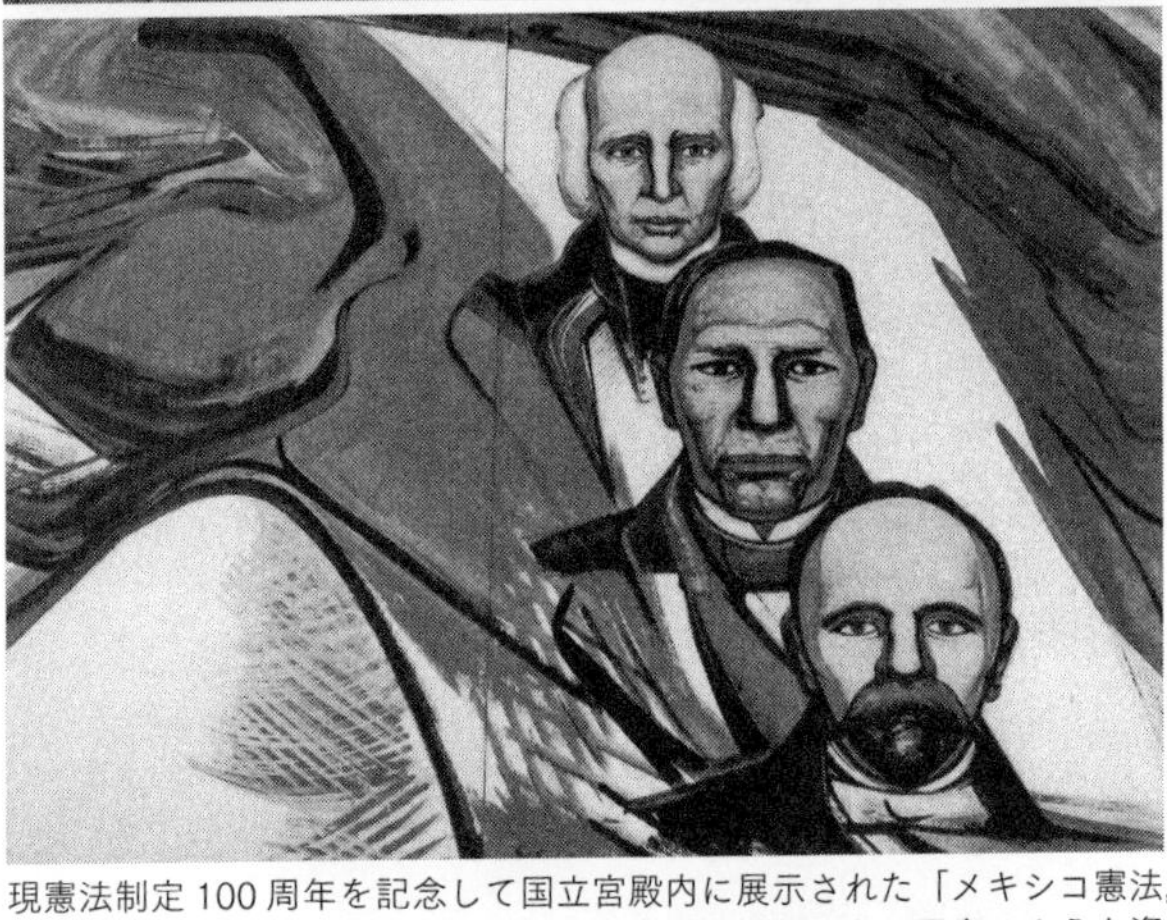

現憲法制定 100 周年を記念して国立宮殿内に展示された「メキシコ憲法, 1917-2017――イメージと声」の会場で筆者撮影。上の写真のような資料から下の写真（シケイロスが描いたメキシコ近代国家建設の英雄であるイダルゴ，フアレスおよびマデロ）の他にリベラ，タマヨ，オロスコなどの有名な画家たちの作品が展示された

VI部　女性をとりまくメキシコ社会の変容

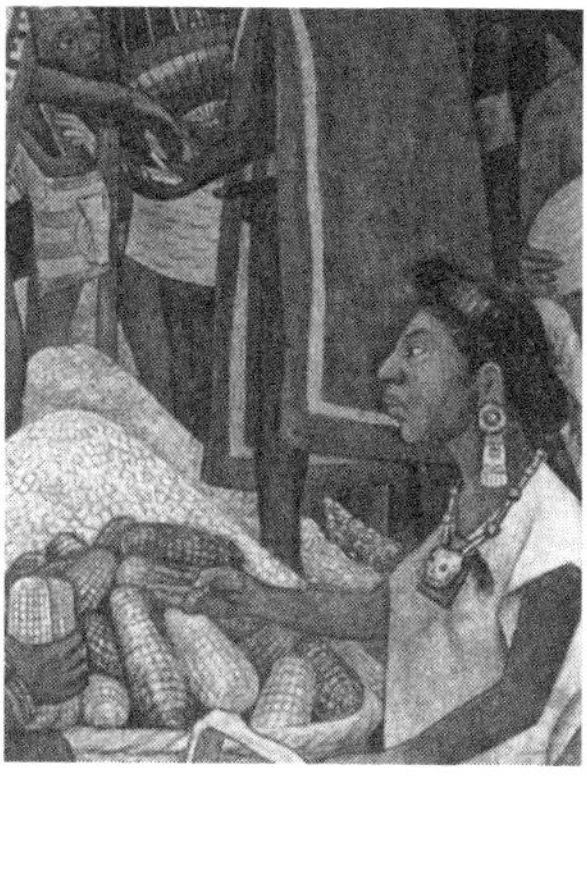

27章　21世紀のメキシコ社会と女性たち

21世紀のメキシコの社会は、3章でも紹介したように、依然として貧富の格差が大きい階層社会のままである。この経済格差に加えて、経済成長そのものが30年にわたって低迷し続け、さらにこの間に19章で紹介した麻薬組織の巨大化に伴う治安の悪化が社会の安定化を妨げてきた。

このような長期にわたる経済の低迷と社会の不安定化によって、すでに指摘したように総人口1億2600万（2018年）の60％が常にぎりぎりの生活を送る貧困層となり、そのうちの20％は食事にも窮する極貧層であると国立統計地理院（INEGI）は分析している。これらの貧困層と対照的な富裕層は総人口の1％である。この極端に対照的な、それぞれの世界で暮らす集団の中間にいるのが中間層と位置づけられる人々で、約40％を占めるとされる。以下では、このような現代メキシコ社会で暮らす主に貧困層上位・中間層の女性たちの姿を紹介しよう。

まず国連が毎年発表する「人間開発指数*」（保健・教育・所得水準を基に各国の生活の質を0〜1の間の指数で表す国際比較指数）をもとに、直近30年間のメキシコ社会の変化を概観してみよう。2018年のメキシコの「人間開発指数」は0・77であった。世界トップは0・95のノルウェーで、日本を含めた他の先進24カ国は総じて0・90台である。メキシコの指数は1990年の0・65から2000年に0・71へ、そして18年に0・77へと微増を続けて、過去30年間のメキシコ国民の生活水準は非常に緩やかながら改善されてきたことがわかる。

国民の生活基盤が全般的にかなり豊かになっていることは、筆者の日常観察でも容易にわかった。例えば、スーパーで買い物をする人々の服装から買い物の仕方、バスや地下鉄の車内でスマホをいじる多くの庶民の姿、ティアンギスと呼ばれる青空市場の豊かな品揃えと買い物客の姿などからは、貧困に苦しむ庶民の影はあまり感じられない。メキシコ市だけでなく全国的に、国民生活が「いつの間にか向上している」という印象がある。実際、世界銀行の統計によると、電気の普及率は2000年時点で98％に達していたが、17年現在は100％であった。上水道の普及率も世界保健機関（WHO）によると2000年の83％から17年の96％へと大幅に改善されている。医療の分野における改善も著しい。人口千人当たりの医者の数は1990年の0・94人から2017年には2・43人（日本とほぼ同数）へと増加した。教育分野においても、ユネスコによれば専門学校を含む高等教育への進学率が1990年の15・42％から2017年には40・23％へ上昇している。ちなみに同じ時期の日本の数値は29・36％（1990年）と63・58％（2016年）であった。

このような国民の生活水準の緩やかな向上と対照的なのが、市場主義経済の進展に伴う生活環境の激変と中間層の置かれた状況であろう。都市部に林立する高層ビルと大型ショッピングセンターやコンビニエンス・ストアーの全国的な広がり、自家用車の普及、延長され続ける高速道路、娯楽施設や公共施設の整備などによって、生活環境は激変したと言っても過言ではない。また家族形態も、若い中間層では平均２人前後の子供を擁する核家族、夫婦共働き家庭が一般的である。子供の教育に熱心で、同時に余暇を楽しめる程度の家計水準が一般的な姿となった。

このような社会と生活環境の変化の中で、とりわけ激変しているのがメキシコの女性の生き方である。結論を先取りすると、次章で紹介するような女性の教育水準の向上と、以下で扱う少子化によってメキシコ女性の社会的地位は大きく変化した。女性の高学歴化が20年以上にわたって緩やかに継続してきた結果、正規雇用の専門職に就く女性の数が増加し、このレベルの職種における同一労働同一賃金の下で、メキシコの女性たちは日本では想像できないような分野でも、男性と同等に活躍できるようになったのだ。その背景としてまず挙げねばならないのが、１９７０年代に始まる家族計画によって合計特殊出生率（１人の女性が生涯に産む子供の数）が低下したことである。

メキシコの女性は１９７０年代までは平均７人の子供を産んできた。しかし政府が国連主導の人口抑制政策を積極的に受け入れたことによって、80年代に多産から少子化へと確実に転換し、90年代前半の合計特殊出生率３人台から90年代後半には２・５人台へと低下した。さらに都市部中間層出身の高学歴女性の未婚率・離婚率の上昇傾向が農村部に残る多産を相殺して、２０１７年の合計特殊出生率は２・１６であった。国立統計地理院（ＩＮＥＧＩ）の２０１８年統計によると、母親

家族そろってソカロで2018年9月の「愛国の日」を楽しむ人々

が高学歴であるほど少子化傾向が高まるという。加えて、男児選好の傾向が一般的に強くないことも多産を抑制している。メキシコでは男児が生まれるまで子供を産み続けるといった社会的・文化的圧力はほとんどない。中間層では、むしろ女児の方が望まれる。「末娘が未婚のまま実家で暮らし、両親の老後の世話をする」という伝統的慣習は１９７０年代頃までよく守られていた。当時、筆者と同世代の知人たちの多くが独身を貫き、老親と同居していたことに違和感を覚えたことを思い出す。この慣習は、男系長子に家を継がせる意識が強いアジアの「男尊女卑」とは異なる側面である。

この官製少子化現象は、女性の生き方に大きな影響を与えた。最大の変化は女性自身が出産と育児に追われる生涯から解放されたことである。家庭の外との接触が増え、社会の変化を肌で知る機会が増えた。そして兄弟姉妹が少ないことで、女子でも高等教育を受ける可能性が高まった。現在のメキシコでは、就学前2年、小学6年、中学3年、高校3年の計14年間が義務教育となっているだけでなく、国立大学を選べば高等教育まで無償である。2〜3人の子供を持つ中間層下位の家庭でも、子供の性別を問わず、できるだけ高い教育を子供に与えようとする。学歴社会であるメキシコでは、大卒はエリートであるからだ。ある調査によると、少子化家族の親は「女はかくあるべき」という伝統的な性別観にとらわれず、将来の自立を期して息子よりもむしろ娘に高等教育の機会をより多く与えようとする傾向があるとされる。中間層の典型的な家庭では、まず娘の教育が息子より優先される。これが次章で紹介するような、メキシコ女性の著しい社会進出を促す要因の1つとなっている。

　加えて「失われた10年」とも呼ばれる1980年代の国民経済の破綻期に、生活を支えるために家庭の外に出て働かざるを得なくなった経験も、女性の社会進出の動機となった。さらに国連が主導する女性の能力開発およびジェンダー平等の理念と実践の呼びかけに対して、メキシコの歴代政権が忠実であったことも大きな支えとなった。こうして欧米先進諸国と同様に、メキシコにおいても専門職に就く女性の割合が高まった。大学に進む女性が専門職につながる道としてどの学部を選ぶかをみてみると、2018年では①教育学部（73・8％）、②看護学部（66・4％）、③法学・会計学を中心とする社会科学系学部（57・0％）、④人文系学部（56・1％）、⑤コンピューターを含む自然科学・理工系学部（41・0％）が上位を占めている（カッコ内の数字は各学部の在籍学生数に占める女子学生の割合＊）。

そして高等教育を受けた女性たちは、有利な就職先を確保すると容易に結婚しない。２０１６年における結婚時の全国平均年齢は、女性が28・4歳、男性が31・2歳で、都市部に限ると女性は32歳、男性は34・8歳である。ただし上層を除いて、この数字に反映されない同棲の事実婚も多い。なかには教会婚をするカップルもいるが、行政機関に届けて民事婚の手続きをしない限り正式な婚姻関係として認められないので、記念のためだけに教会婚を盛大に挙げる場合もある。なぜ正式な届をしないのか、その理由は簡単である。まず相続する資産がほとんどない階層にとって、正式な手続きをするメリットはほとんどなく、むしろ離婚をめぐる煩雑さを考えると同棲婚で十分だからだ。この状況に関係する興味深いデータを経済協力開発機構（ＯＥＣＤ）が発表している。メキシコの年間婚姻数は１９９０～２０１７年の間に大きく減少し、逆に離婚件数はほぼ倍増、さらに婚外子の数も倍増したという。つまりメキシコでは、家族を持つことと正式な婚姻関係を結ぶこととは、ほとんど無関係になっているのだ。日本における配偶者手当や税制上の優遇措置はない。１９８０年代ぐらいまで普通だった「誰々の奥さん」という一種の敬意を込めた呼び方もほとんどなくなった。

婚外子が増えたことには別の事情もある。その最も深刻なものの1つは、10代の少女たちが安易に妊娠し、あるいは強姦などにより望まない妊娠をしてしまった例である。メキシコ市を除く全国

31州の多くが理由・経緯を問わず人工中絶を禁止していた2018年の時点では、妊娠すればほぼ必ず出産せざるを得なかった（2019年にオアハカ州が人工中絶を正式に認める法律を制定）。人工中絶合法化を訴え、望まない妊娠をした少女たちの支援活動を行う民間団体が、長年にわたって社会および政治に対して現状認識と法整備を求めてきた。しかしメキシコでは、多発する性犯罪の半分以上が家庭内で発生しており、家の外でも頻繁に暴力にさらされる最悪の治安状況が30年以上にわたって続いている。そのような中では、「子供が子供を産む社会」を変えるのは難しい。

2018年に連邦政府女性庁（INMUJERES）が、15歳以上の女性を対象に「15歳までに性的暴行を受けた経験の有無」を調査し発表した。*それによると20％強が性的暴力を受けた経験があった。加害者が見ず知らずの男性である例は16％にすぎず、約半数（48・2％）は親族・家族で、その内訳は従兄弟（15・7％）をトップに、継父（6・3％）、実父（5・8％）、祖父（5・7％）等の順となっている。残りの36％はボーイフレンドや知人である。性的暴行の被害者は必ずしも貧困層の少女とは限らない。中間層の少女（小学生から高校生まで）も強姦されて妊娠し、学校を中退せざるを得なくなり、貧困の連鎖の中に陥る例が少なからずあることが問題となっている。

一方、メキシコの「伝統文化」だった男性優位の慣習は衰退したという意見がある。確かに次章で紹介するように、メキシコでは女性の高学歴化がその社会進出を促し、女性の社会的地位向上に関しては日本の遥か先を行っている。しかしメキシコ社会には、日本社会にも通じる「マチスモ」

下校時の学校正門前で子供を待つ母親たち（2019年）

と呼ばれる男性優位主義が20世紀を通じて厳然と残っていたし、21世紀にも一部残っている。

日本と比べてメキシコの伝統・慣習・思考が急速に変化しつつある大きな要因は、先に指摘した１９７０年代に始まる少子化と女性の高学歴化にあるのではないかと筆者は考えている。そしてもちろん、それが今日（２０１８年前後）の状況に至るまでには、ほぼ半世紀にわたる歴代政権の改革への努力があったことを特筆しておきたい。

中間層の家庭に生まれた子供は、家計の許す限りの教育を受け、学校への送り迎えに至るまで親の細心の監視と注意の下で育つ。中間層の親たちは、高等教育を受けない限り中間層の生活水準を維持できないことや、そして子供が女児なら性的虐待・暴行に遭う危険性があることを十分に認識しているからだ。一方、国民の過半数を占める下層の女性たちをとりまく環境は依然として厳しく、僻地農村部では現在も多産傾向が続いている。

28章　女性の高学歴化と社会進出

前章で紹介したように、中間層の親たちは、家計に余裕がある限り性別に関係なく子供により良い教育を与えようとする。高額な授業料を払っても、教育水準が高い私立学校へ通わせる。そして評価の高い大学に子供を進学させたいと願っている。メキシコの階層社会は学歴社会でもあるからだ。21世紀の現在においても、職場で、あるいは公共の場で、大学の学位は重要な肩書である。大卒者は名前の前に学位を付けて、「リセンシアード○○」、「インヘニエロ○○」、「ドクトール○○」、と呼ばれる。リセンシアードとは4年生大学を卒業した「学士」、インヘニエロは理工学部を卒業した「工学士」、ドクトールは博士である。中退者はそのような扱いを受けず、差別は大きい。なお正規の博士号を取得していなくても、社会的地位の高い人には「ドクトール」の尊称が付けられることも少なくない。学歴による賃金格差は3倍から5倍以上に及ぶ。

メキシコにおける女性の高学歴化がいつごろから顕著になったかを経済協力開発機構（ＯＥＣＤ）のデータで調べてみた。**グラフ3**でみるように、25～34歳の年齢層の女性人口に占める大卒者の割合が２０１０年に男性のそれを追い抜き、18年には女性の大卒者数が男性より1ポイント近く

グラフ3　25-35歳男女別大学卒業比率

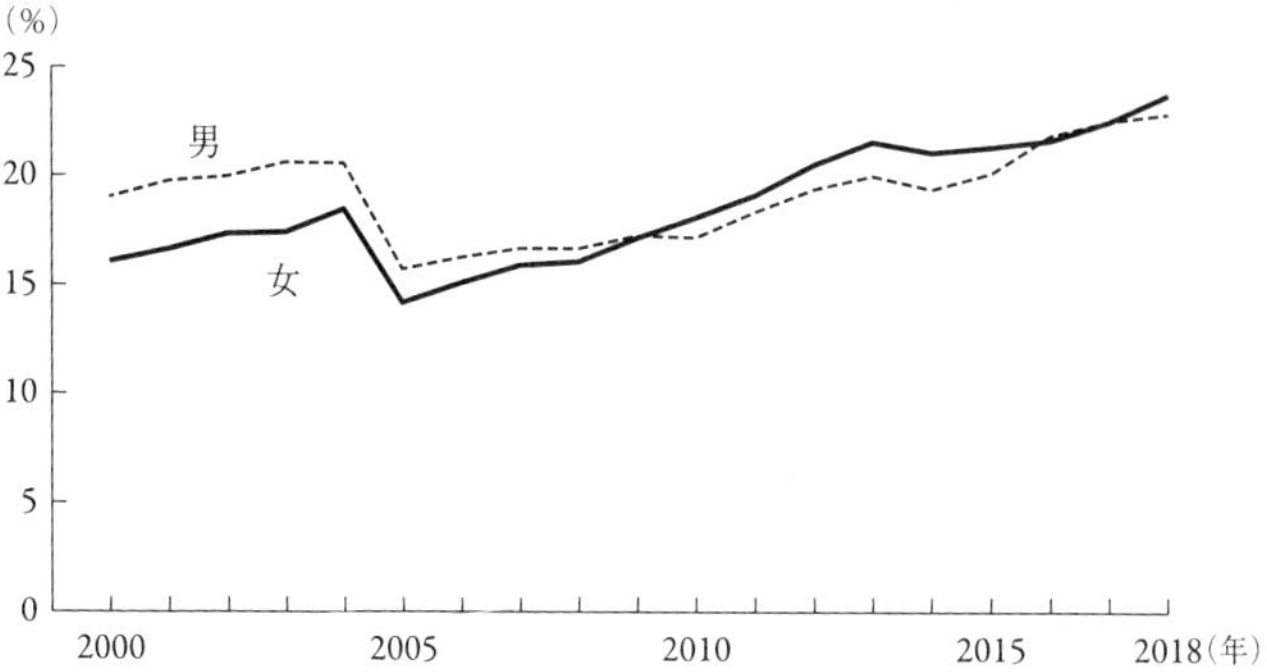

出所）OECDデータに基づき筆者作成

増加していた。国際労働機関（ＩＬＯ）の統計にも、25歳以上の全就労人口に占める大卒労働者の割合を示すものがある。これによると２０１０年に女性が男性に追いつき、その後18年に至るまで男性を微少ながらほぼ上回っていた。18年には働く男性の４・４人に１人が大卒者であったのに対して、女性は４・２人に１人であった。正規雇用における女性の就労人口が男性のそれの約半分であることを考慮すると、働く女性の絶対数は男性より少ないものの、女性就労者の高学歴化傾向は明らかである。

さらに大学院への進学率でみると、次頁の**表8**のような数字となる。博士号取得者に限ると男性の０・３％に対して女性は０・２％とわずかに低いが、修士課程修了者数は２０１６年に女性が男性を追い抜いた。ちなみに日本の場合、女性の大学院進学率は、メキシコのそれが4年間延びつづけてきたのに比して低迷し、２０１６年にはメキシコに追い抜かれている。ただし男性では日本はメキシコの２

表8　男女別大学院進学率

（単位：%）

年	メキシコ		日本	
	女	男	女	男
2013	—	—	5.78	11.30
2014	3.95	3.74	5.98	11.18
2015	4.05	3.79	5.86	10.87
2016	6.16	5.38	5.99	10.98
2017	6.46	5.7	5.97	10.80

注）日本は留学生を含む。—印はデータなし。
出所）OECDの資料を基に筆者作成

〜3倍であった。日本の女性の大学院進学率は男性の半分であり、この点から見る限り、メキシコの高等教育における男女格差は日本と対照的な推移を辿ってきたことが分かる。

以上でみたように、正規雇用で働く女性の就労人口そのものは男性のそれを大きく下回っているが、高学歴女性の社会進出は着実に拡大してきた。大学を卒業して専門職に就いた女性の多くが結婚しても仕事を続けており、さらに管理職・研究職の分野および政界への進出については日本がはるかに及ばないレベルに達している。政治に関わる女性の進出については次章で紹介することとし、次に管理職と研究職に関するデータを日本と比較しながら取り上げてみよう。

国際比較統計で示される管理職には、国際標準職業分類に従って一般的な企業の管理職の他に公務員の管理職と議員が含まれる。**グラフ4**は、1991年から2018年の間のメキシコと日本の女性管理職の割合をグラフ化したものである。読者はメキシコと日本の格差の大きさに驚くことだろう。21世紀のメキシコでは管理職のほぼ3分の1が女性である。28年前の1991年においても管理職の2割強が女性であったが、同時期の日本では1割以下で、2018年になっても1割強に

グラフ4　メキシコと日本の管理職に占める女性の割合の推移

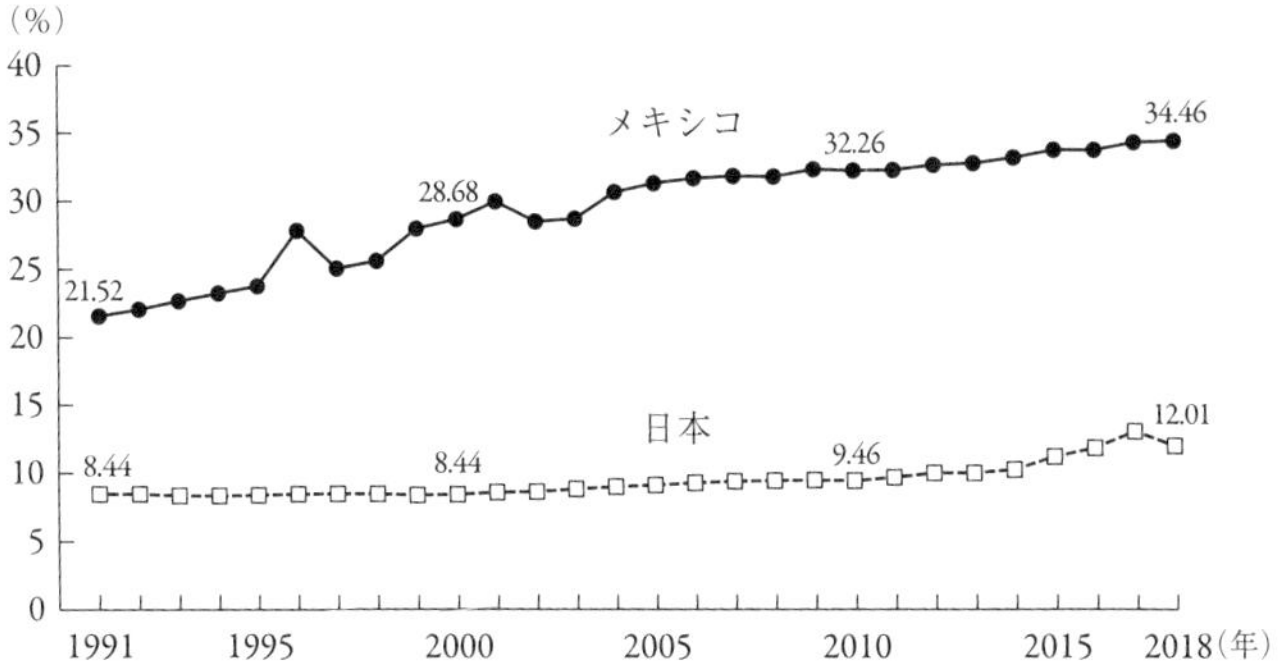

出所）ILO および OECD の資料から筆者作成

過ぎなかった。メキシコと日本における女性の社会進出の差はきわめて大きい。

続いて高学歴の人材が集まる研究職についてみてみよう。次頁の**表9**は政府機関・企業・大学などで研究開発業務に従事する者と、同種の業務に従事する博士課程レベルの大学院生と研究生を対象とした統計で、理工学系から人文・社会科学系まで広い分野にわたっている。この表でみるように、21世紀におけるメキシコの研究者の約3分の1強が女性である。ちなみに日本では２０１６年にやっと13%に達したに過ぎない。さらにメキシコでは高等教育を受けた女性たちの社会進出も多様化している。女性の高等教育への進学率は男性より若干低いものの、修了率は男性よりかなり高く、弁護士・医師・技師・薬剤師・看護師・教員・会計士・建築士・研究職・大学教授などの専門職に占める割合は国際的にみても高い。

メキシコの女性の政界および社会進出の現状がほぼ欧米

表9　研究職における女性の割合の推移

（単位：％）

年	民間企業		政府関係		大学	
	メキシコ	日本	メキシコ	日本	メキシコ	日本
2003	25.00	6.55	29.85	11.67	35.07	20.39
2012	26.12	7.53	33.45	15.89	34.58	25.02
2013	27.70	8.1	33.03	16.23	34.57	25.41
2017	—	9.61	—	18.48	—	27.05

注）メキシコの数値の有無に合わせて該当年を選択してある。—印はデータなし。
出所）OECD 資料を基に筆者作成

先進国並みの水準であるのに対して、日本の場合ほぼアジア・アフリカの後発開発途上国のレベルにある。この差をもたらしているのは、すでに指摘したようにメキシコでは、国連主導のジェンダー平等・男女共同参画社会への提言に対して、歴代大統領が政策を主導するなど率先して取り組んできたこと、そのような男性リーダーたちに恵まれたという幸運もあろう。しかしマチスモと呼ばれる日本と同様の男性優位主義が20世紀まで厳然と残っていたメキシコ社会で、前章で紹介した男性優位主義の伝統・慣例・思考が急速に変化した背景には他の要因もある。前章で紹介した人口抑制政策による少子化と、経済低迷の下で女性も社会に出て働かねば生活が維持できないという、メキシコ独自の経済的・社会的事情があったことも考慮する必要があろう。結婚して専業主婦になるという選択肢は、もはや限られた層の女性にしかないといっても過言ではないからだ。

　またメキシコでは、高学歴の女性たちが自分の人生を自分で選択して社会に出ることを望む例が増えており、とくに中間層は階層に見合った生活をするためには稼がなければならないという現実もある。他方、教育水準の低い下層の女性たちは生活を支えるためにどのような仕事にも就き、最低賃金で働く。こうしてわずか10年ほど前まで悪名高かったマチスモも、その影響を受けて変化しつつある状況は驚くほどである。

連邦政府女性庁（INMUJERES）の調査によると、中間層の共働き家庭では男性が家事・育児を分担する割合が高まり、平均して妻が6割、夫が4割を担うという。皿を洗うだけとか子供をお風呂に入れるだけといったレベルの分担ではない。夫が食事担当なら買い物から調理まで引き受け、夫婦ともそれぞれ自分の車で通勤し、生活費もほぼ折半で、そのうえ各自が家庭外の社会活動もする。夫の生き方に寄り添って生きるという妻の姿は大きく変わった。あるいは前章で紹介したように正式な婚姻関係を結ぶことなく、一時期同居して別れる、あるいは独身を通す女性が増えている。

このような男性とほぼ同様に働く女性たちを下支えしているのが下層の女性たちである。国民の約半分を占める下層の人々の生活では、妻の稼ぐ収入は最低限の生活を維持するために必須である。低学歴で低収入しか得られない層は、おおよそ同じ階層同士でカップルを形成する傾向があるため、共働きは当然とされるが、2人合わせても収入は生活費で消えてしまうほど少ない。また下層の人々は正規雇用の職を得ることは難しい。このような下層の女性たちの多くがインフォーマルな家事労働者として中間層以上の家庭で働き、高学歴・正規雇用の女性たちを低賃金で支えている。中間層上位の家庭では住み込みで雇われる場合もあるが、一般的には「通い」で週に2～3軒の家庭を掛け持ちし、掃除・洗濯・炊事を担い、最低賃金相当の手当を得る。このような家事労働者は日本で言う「家政婦」とは異なり、現在では差別語とされる「女中」にあたる。近年では若い家事労働者はしばしばムチャチャチータ（「小さな女の子」の意）と呼ばれる。家事や子育て要員として中間層が使用するムチャチータのほとんどは通いで週2〜3回の割合で数軒の家庭で働き、最低賃金ほどの収入を得ている。この種の「助っ人」なくして、中間層高学歴の女性たちが男性並みのキャリアを獲得し維持することは難しいであろう。

この数年にわたって筆者がメキシコで下宿させてもらっているメキシコ市の友人宅は、典型的な高学歴中間層である。夫は連邦政府の中間管理職、妻は大学の研究職で、30年近く同居婚（事実婚）の関係であったが、2人の娘が独立して夫婦2人だけの暮らしとなったとたん妻が大病に罹《かか》り、婚姻関係を法的に証明する必要が生じて正式な婚姻届を出した。この家にも通いのムチャチータが週に3回訪れ、4時間ずつ働いていく。ムチャチータと言っても年齢は若くはなく、3人の子持ちの中年女性である。彼女が一番下の生後1年にもならない娘を連れて働きに来ていたころから筆者は観察してきたが、掃除・洗濯・アイロンかけから料理の下ごしらえまで、いつも時間内に手際よく家事を片づけて帰っていく。他に高校生と中学生の少し歳の離れた息子2人がいて、大学へ行かせたいと願う教育熱心な母親だ。こうした典型的な下層社会の女性が、高学歴で十分なキャリアを積み、余裕のある暮らしを送る中間層の、筆者の友人のような女性たちを支えている。大雑把な推

2018年メキシコ市長選で演説するシェインバウム

計だが、ムチャチータが数軒の家事労働で得られる月収は、筆者の友人（大学研究職）のような専門職の月収のわずか10分の1程度である。しかも社会保障は全くない。

メキシコの高学歴女性としての典型的な経歴を持つ人物が、2018年の総選挙でメキシコ市長に当選したクラウディア・シェインバウムである。大学で環境学を学び、大学院に進学して博士号を取得し、結婚して子供を育てながら研究活動に従事する過程でその内容を実践する立場を求めて政治家の道に進んだ。はじめメキシコ市内の区長を経験し、2018年総選挙で大統領となったアムロのメキシコ市長時代（2000〜06年）には市政に参画、公共交通網や環境整備の政策立案と実施に関わった。この間に離婚も経験している。現代メキシコ社会の高学歴女性の典型的人生であることは間違いない。

29章　2018年の総選挙における男女均等の実現

メキシコにおける女性の政界への進出は著しい。2019年1月に列国議会同盟（IPU）が発表したデータによると、*議席に占める女性の割合は48・4％、191カ国・地域中4位であった。ちなみに日本は13・8％で、144位である。

保守的と言われる地方においても、後述するように女性の政界進出は著しい。Ⅱ部で紹介した2018年の史上最大規模の総選挙で、メキシコの政界は男女平等にほぼ近づいた。大統領および州知事という最高ポストのレベルでは女性の進出が遅れているとはいえ、中規模国家に匹敵する人口と経済力をもつ首都メキシコ市の市長選挙では4つの主要政党と選挙連合のいずれもが女性候補者を立てた結果、7名の候補者のうち5名を女性が占めた。州知事および地方自治体の首長こそまだ男性が多数を占めるが、32の州議会（メキシコ市も州として扱う）でも後述するように女性の進出は著しい。

メキシコと日本の女性参政権の成立はほぼ同時代である。日本では第二次世界大戦敗戦直後、米軍占領下の1945年に実現した。メキシコではそれより早い1938年に議会で女性参政権法が

グラフ5　連邦議会の総議席に占める女性議員の割合

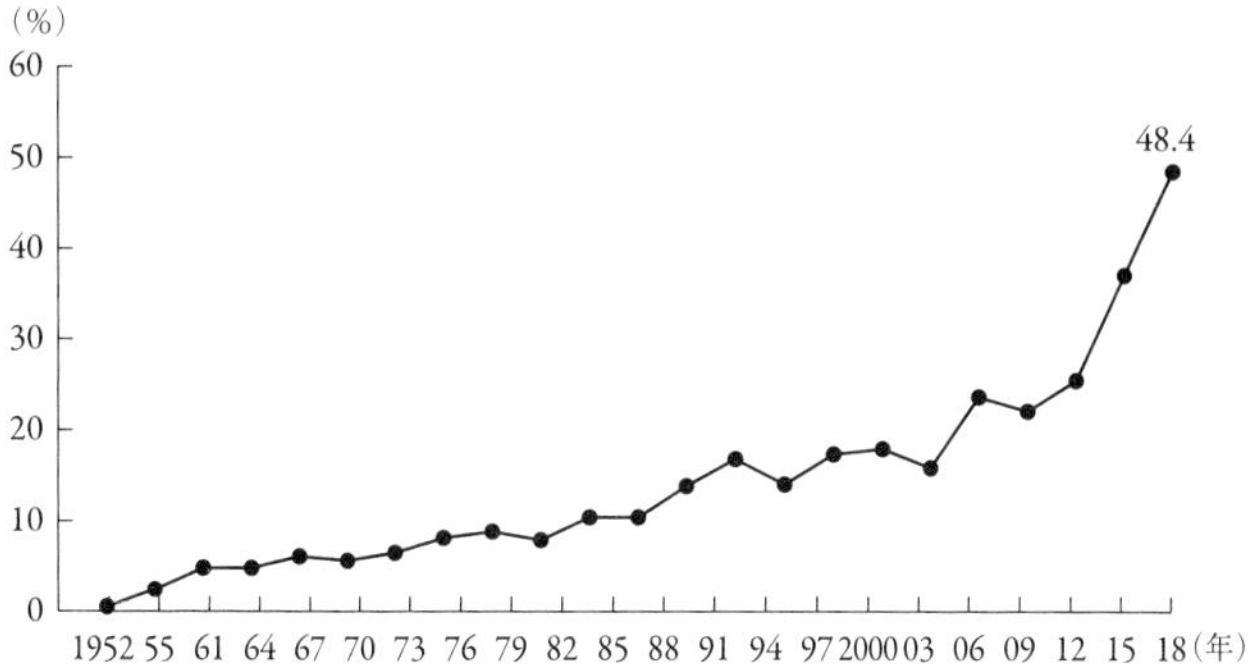

注）連邦議会選挙結果時の数値。
出所）メキシコ選挙機構の資料より筆者作成

成立したものの、大統領の署名が引き延ばされ、53年にようやく法制化（大統領の署名）されたという経緯がある。だが両国とも、政治は20世紀半ば過ぎまで完全に男性の独壇場であった。メキシコでは数百年にわたり、日本の「男尊女卑」にあたる「マチスモ」と呼ばれる絶対的男性優位の社会的規範が制度的・思想的・文化的に存在していた。なかでも政治の世界はそれが最も顕著だったが、メキシコの女性たちはそのような男性支配の世界にどのようにして進出できたのだろうか。そして、それに比してなぜ日本では女性の政界進出が開発途上国以下のレベルに留まっているのだろうか？

グラフ5は、メキシコの連邦議会における女性の議会進出の推移を示したものである。このグラフから、メキシコの連邦議会に占める女性の割合が21世紀に入って継続的に上昇してきたことがわかる。それを実現させた原動力は、先進国を含む多くの国が採用しているジェンダー・クオータ制（議席における女性割当制）であった。国連主導のジェンダー平等・男女共同参画社会への取り組みの過程で、メキシコ政府は積極的にこの制度を受け入れてきたからである。

ジェンダー・クオータ制とは、公職選挙や企業の人事において、ポストの一定数を女性枠あるいは男性枠として設けることによって、ジェンダー格差を積極的に解消しようとする仕組みである。ジェンダー・クオータ制は、21世紀の国際社会においては男女平等・男女共同参画社会の確立に向けた努力を示す象徴的概念・言葉であり、その背景には「男女同数による議会運営は平等社会を構築するための要の1つである」という国際的な合意がある。世界の多くの国でこの取り組みにより、議会や企業において過少代表となっている女性に特別枠を割り当て、あるいはパリティ（男女同数）を義務付けて、強制的にジェンダー格差を改善・解消する努力がなされてきた。無自覚・無条件に男性の「優越性」を前提とする男性絶対優位社会を、30～50年という短期間で男女平等社会へと是正するには、これ以外の方法はないと考えられているからである。

政治におけるジェンダー・クオータ制は１９７０年代にノルウェーで始まり、北欧および西欧諸国で順次採用されていった。さらに79年には国連女性差別撤廃条約が採択され、政治を含めたあらゆる分野で女性差別をなくすことが世界的課題となった。そして１９９５年に北京で開催された第4回世界女性会議で、女性代表枠30％という具体的な数字が示され、男女差別撤廃に向けた行動計画が始動した。30％という枠は、集団の中で影響力を確保するための最低水準とされる「クリティカル・マス」（普及に必要な最低限の割合）である。30％を下回っても女性関連政策が無視されるとは限らないが、それを超えれば女性議員の発言力が著しく強まり、組織の改革につながりうるという、政治学の理論から導き出された数値である。

先に指摘した通り、メキシコでは世界のほとんどの国と同様に、政治は伝統的に男性の専有分野であった。メキシコで女性が参政権を得た1953年から80年代まで、連邦下院における女性議員の割合は最大でも現在の日本のそれに近い10％前後に過ぎなかった。しかし前述したような国連主導の改革の中で、サリナス大統領（任期1988～94年）とセディリョ大統領（任期1994～2000年）は国連の提言を積極的に受け入れ、ジェンダー・クオータ制を取り入れた。

しかし改革の道は長かった。時系列で整理すると次のようになる。1993年に連邦選挙管理機構（IFE）が各政党に対して「女性候補の擁立」を勧告し、さらに96年に「同性の候補者枠の上限を70％とする」という具体的な数字を提示した。これが義務化されたのは2003年の中間選挙で、連邦議会に占める女性議員の割合は15・9％にのぼり、06年の大統領選挙と同時に行われた総選挙では23・7％へと増加したが、09年の中間選挙では下院における女性議員の割合は22・1％と微減した。そして同年の選挙法改正で同性候補者枠の上限が60％に引き下げられ、同時に違反罰則規定が設けられて50％への将来的な努力が勧告された。加えて政党助成金の2％を女性政治家の育成に充てることが義務づけられた。その後12年の総選挙で25・5％にまで増加し、同年12月に発足したペーニャ＝ニエト政権（任期２０１２～18年）はパリティ（男女同数）法案を提出し、14年２月10日に成立した選挙制度によって広範な改革が行われた。そして翌15年の中間選挙では、女性の連邦議会（上下両院）に占める割合が37・１％となった。18年７月１日の総選挙ではこれが48・４％となり、世界第４位に上昇した。

直近の２０１８年総選挙の結果は、以上の数字だけに留まらなかった。総じて地方では男性の優位性が強く残っているが、選挙が行われなかった５州とメキシコ市を含む全国32州のうち12州で女性議員の占める割合が50％を超え、40％台を達成した州は15州にのぼったからである。女性議員の占有率が最高の70％を占めたモレロス州では、落選した２名の男性候補者が「男性差別」として地方選挙裁判所に訴えたが敗訴し、話題となった。比例代表制と多数代表制を採用している上にジェンダー・クオータ制による女性枠が重なり、票の配分が複雑化したことで男性側から強い不満が寄せられたのである。

このようにジェンダー・クオータ制の導入によって女性の政界進出が男性と同等のレベルに達したとはいえ、女性たちもまたこの間にさまざまな問題を突き付けられた。２００９年の中間選挙では、比例代表制の仕組みが悪用された。メキシコの選挙方法では、当選後の不測の事態に即応するため、候補者は補欠要員とペアで登録するが、この制度が悪用されたのだ。補欠要員に男性をあてて当選した９名の女性議員が理由の説明なしに辞任し、男性の補欠要員が代わって議席についた。

メキシコ市長選挙に立候補した 7 人のうち 5 人は女性であった。右から 3 人目が当選したシェインバウム現市長（レフォルマ紙，2018 年 4 月 19 日）

この手法は「ファニータ候補」と俗称され、多くの批判を受けて13年の選挙法改正によって立候補者と補欠要員は同性でなければならないことが明記された。ちなみにファニータとは女性の名前フアナの縮小形で、「ファナちゃん」といった意味合いになる。

また女性の立候補者に歌手や庶民に人気のあるメディアに露出の多い人物を立てる傾向もあった。議決に必要な議席数確保のみを目指す党の方針であったり、有力者の縁故関係や友人関係の女性が候補者名簿に名を連ねる傾向もあった。しかし2019年時点での筆者の観察では、上記のような議席確保にのみ走る政党の都合で立候補し、当選した女性議員は多くなかったはずである。

メキシコには議会専用のテレビチャンネルがあり、議会の審議過程などが一部始終放映されている。政治改革が取り組まれていた1998年に国営テレビ局として開設され、2000年に定期的な放映を行うようになったが、15年まではメキシコ市内だけのローカル放映だった。しかしデジタル放送への移行後は全国を対象に1日24時間、年間365日を通じて議会中継、政治関係のドキュメンタリーおよび文化関係の番組を提供している。このチャンネルを通じて、女性議員たちの仕事ぶりを筆者は詳しく知ることができた。一時は託児所不足を訴える若い女性議員が、自分の子供を抱えて議場を歩き回り抗議する風景なども見られたが、世論では稚拙な手段として批判された感がある。一方で十全に資料をそろえ、真正面から問題に切り込んでいく女性議員たちの姿も日常的に観られ、こちらの方が今では一般的である。多くの女性議員が、演壇での話しぶりも態度も政治家として十分に合格点をつけられるレベルである。議場正面の高い位置にかけられている大きな電光掲示版には各議員の出欠が表示され、市民はテレビを通じて誰が欠席しているか確認できる。2019年現在、連邦議会上下両院とも議長は女性が務めており、議会運営は非常に手際よい。

アムロ政権の閣僚メンバーをみると、専門分野の実力派の女性起用に特徴がある。政権スタート時点では17ある大臣ポストの9つが男性、8つを女性が占めた。しかし2019年5月に女性の環境天然資源大臣が辞任したため、現時点では女性大臣は7名になっている。閣僚の中でも最重要ポストである内務大臣は歴代男性が独占してきたが、アムロ政権で初めて女性内務大臣が出現した。現内務大臣オルガ・サンチェス＝コルデロは1995〜2015年まで20年間にわたり連邦最高裁

連邦政府女性庁（INMUJERES）主催のセミナーに参加する女子大生たち（J. Braulio Carreño Melesio 撮影）

判所判事を務めたほか、メキシコ市最高裁判所判事、メキシコ国立自治大学（UNAM）教授などを歴任した、メキシコ法曹界トップクラスの法律家である。頻繁にテレビ画面でみるサンチェス大臣の言動は、女性政治家の最良のモデルであろう。1947年生まれで70歳を超えているが、白髪のほかは全く年齢を感じさせない。サンチェス大臣はUNAMの学生時代、1968年の学生運動に積極的に参加した経歴をもつ。21世紀の現在、さまざまなセミナーや講演会の出席者、あるいは抗議デモの参加者の多くは、若い女性たちである。彼女たちが安心して生き生きと活躍できる男女平等社会が、近い将来メキシコに出現することを期待したい。

30章　マチスモからフェミニシディオへ

本書の最後に、メキシコ社会を象徴する男性優位主義「マチスモ」と、２０１０年代のメキシコで常態化し社会問題となっているフェミニシディオ（スペイン語 feminicidio, 英語 femicide：残虐な手法による女性殺し）と呼ばれる犯罪との関連性を是非とも取り上げたい。

そもそもマチスモは、生物学的な「雄《オス》」を意味する「マッチョ」から派生した語で、ラテン文化圏に共通する「男性優位主義・男尊女卑」を意味する。筋骨隆々の逞しさや頼もしさから、暴力的で相手を容赦なく叩きのめす残虐性までを含んでいる。このマチスモはメキシコのみならず広くラテンアメリカ諸国に伝統文化として根づいており、男性の身体的優位性と家族・一族を守る勇敢さ、および闘争力を備える「雄々しさ」のシンボルでもある。そしてマチスモを具現化する代表的な事例である「家庭内における夫の妻に対する絶対的な優位性」は、20世紀半ばまで法律として明文化されており、その後も男性家長の家族の殺傷権すら社会的に容認されていた。

その最大の理由は、コロンブスのアメリカ大陸「発見」後にこの未知の大陸に移住したスペイン人たちにとって、定住する過程で家族や集団を守るために「長」たる男性が絶対的な権力と権威を握る必要があったからである。この家父長的社会の伝統は独立以降も１００年以上にわたって続き、女性の人生は「子供時代は父の支配下に、結婚後は夫の管理下に、寡婦になると息子の保護下におかれる」というものであり続けた。しかし19世紀末になると、世界の多くの国々と同様にメキシコでも女性解放運動が始まり、女性参政権に象徴される男女平等を求め続け、前章で紹介したように21世紀に入ってメキシコの政治ではついに男女平等の環境が整備されるに至った。

マチスモに対して、女性らしさを強調する言葉にマリアニスモというものがある。聖母マリアの如く、慈愛にあふれ、すべてを無条件で受け入れてくれる慈母性である。カトリック信仰が強制的に根づかされた植民地時代を通じて、女性は男性に従順に仕える妻であり、子供を優しく守る母親でなければばならなかった。家系を重視する上層階級の家庭では、身分に相応しい男性に出会わない限り、娘たちは莫大な資産付きで修道院に送り込まれ、そこで一生を送らねばならなかった。自発的に信仰に生きる例外を除くと、修道女となった上流階級の女性は連れてきた女中任せの気楽な、しかし籠の鳥のような人生を送った。新大陸を征服したスペインの植民地政策の中核を担ったカトリック教会は、国王の権威と権力を代行する副王と呼ばれる現地統治者と同格であり、ときには副王を上回る政治力を行使したことで知られる。このようなカトリック教会が支配するスペイン植民地社会における女性の役割は、カトリックの信仰を護り、夫に仕え、子孫を残すことであり、ごく一部の例外を除くと自主性や個性を育むような環境にはなかった。独立後もカトリック教会は国教としての地位を保持し、１８５０年代に自由主義勢力によってその蓄積した莫大な富と国教の地位を奪われるまで、政治力、経済力、そして社会に対する絶大な影響力を保有していたのである。*

メキシコで全国の女性が男性と同等の参政権を得たのは１９５３年である。この間、すでに限られた分野であるが女性の社会進出が認められ、メキシコ革命動乱期には武器を手に戦場の最前線を駆け抜けた「女将軍」のような、男性に伍して活躍する女性も出現した。そして20世紀末には教育水準も男性並みとなり、21世紀に入ると政界における女性の活躍は世界の先進国並みとなった。しかしこれも世界のどの国とも同様に、真の意味での男女平等は依然として道半ばであり、法律で約束されて１００年以上になる「同一労働同一賃金」の規定も未だに部分的にしか実現しておらず、自立を志す女性の貧困化が著しい。加えて男性の暴力・性的虐待・フェミニシディオと呼ばれる「残虐な女性殺し」が多発する社会で多くの女性たちが暮らしている。

フェミニシディオはマチスモが極まった果ての犯罪である。連邦政府女性庁（INMUJERES）はフェミニシディオを一般の殺人事件と区別している。*女性に激しい憎悪を抱き、女性は男性より劣っていなければならないと固く信じる男性が、女性を容易に支配できない場合に殺害にいたる行為。あるいは男女平等社会への急激な変容を受け入れることができず、女性に対して劣等感を持ち、過剰な暴力を伴い殺害する行為。それらがフェミニシディオであり、その背景には「マッチョ」としてのプライド、そして男性の、時に暴力的な身体的優位性を称賛してきた世論がある。フェミニシディオに分類される殺人事件の80％が家庭内あるいは恋人同士の間で起こっているとされる。メキシコではフェミニシディオと普通の殺人事件とを区別した統計があり、2010年代に入って前者が顕著に増加している。2017年には10万人あたり被害者数が5・4人にのぼったが、日本の0・3人と比較していかに多いかがわかろう。

フェミニシディオは行方不明事件として始まることもある。フェミニシディオという言葉がメディアで頻繁に使われるようになったのは、筆者の記憶では2010年代に入ってからであったように思う。しかし統計的なデータを探す過程で見つけた資料によると、[*] 1980年代にすでにかなりの数の「行方不明↓遺体の発見」事件が記録されている。そして90年代に入ると、若い女性たちが行方不明となり、やがて残虐な方法で殺害されて発見される事件がとくに米国との国境地帯で少なからず発生していた。

1990年代は被害者の性別を問わず各地で虐殺事件が多発していた。その中でも、のちにフェミニシディオのシンボル的存在となったのが、北部チワワ州で若い女性たちの無残な遺体が発見された事件である。とくに93年1月以降、同州の米国との国境の都市シウダ・フアレスを含む一帯で多数の若い女性の遺体が発見され、メディアで盛んに取り上げられた。8人の女性の遺体が同時に発見された「ポレオの丘」と呼ばれる小高い丘には、慰霊のピンクの十字架群が立てられ、現在ではフェミニシディオの象徴となっている。チワワ州検察当局によると、1993〜2019年までの27年間に計２１４７名の女性の遺体が州内で発見されたというが、ほとんどのケースで犯人は逮捕されていない。

これらの事件の被害者たちの共通点は、15～25歳の若い女性で、性的暴力や残虐な拷問を受けた後に斬殺・殴殺・絞殺されたことである。彼女たちの多くはマキラドーラ（保税輸出加工区）で働くために全国各地から移住してきた。麻薬組織の拡大によって国境地帯の治安が悪化し、殺人事件が多発する中で、マキラドーラで働く若い女性たちの殺害事件が増加し、やがて全国に広がり、普通に暮らす女性たちの遺体が街中に放置されるという凄惨な事件にまで拡大している。

そしてフェミニシディオの増加傾向は２０１０年代に入っても続いている。麻薬組織絡みの事件の中でも発生するが、すでに述べたように8割は身内によるものである。また国連のデータによれば、メキシコの成人女性の60％がパートナー男性から暴力・セクハラなど何らかの犯罪行為を頻繁に受けているという。かつても今も、社会の上層から下層に至るまで女性に暴力を振るうのは夫や前夫、恋人、父親、叔父・伯父、祖父などごく身近な男性であり、教育水準や経済水準はあまり関係がない。しかし、社会階層を越えて起こるフェミニシディオは多くないとされる。

マチスモの伝統を引き継ぐメキシコ男性による家庭内暴力《ドメスティック・バイオレンス》（ＤＶ）は21世紀においても健在である。ただ現在では、夫や前夫によるＤＶから女性を護る支援団体も増え、罰則を定めたＤＶ防止法も整備されている。ただし法律は例によって実効性のレベルでは男性に有利に働き、公正に裁かれることはほとんどない。まず警察に届け出る時点で、男性警官の餌食になる可能性の方が高い。駆け込み寺として被害者を守り支える団体が各地に存在し、懸命に活動を続けているが、フェミニシディオの根本的な解決にはつながっていない。

もっとも殴られる女性たちも黙って耐えてばかりいるわけではない。子供を連れて家を出る。さまざまな公的支援がある程度整っている現在では、かつてのように殴る男のそばで耐える道を選択する女性ばかりではないのだ。また法的な手続きを経て結婚する意味は有産階級以外ではあまりなく、同棲婚が多いのも、この場合有利である。それゆえに、どうしようもない相手と暮らす道を捨てるのは簡単である。他方、その結果として母子家庭が増え続けている。同時に、息子より娘に教育の機会を優先的に与え、自立して生活できるように育てる傾向が強い。この傾向は中間層では定着しており、両親のもとを離れて自立する娘に対して、娘名義のアパートの購入を支援するのも普通である。金融資産をもたない中間層の場合、不動産を自分名義で持つことは女性の自活を支える大きな柱となるからだ。

しかしこのような社会の急速な変容は、数百年にわたって女性を「殴りつけなければわからない生き物」扱いしてマチスモを謳歌してきたメキシコ男性にとって、順応どころか許容さえしがたいと解釈する人々もいる。２０１９年時点においてもメキシコ男性の半分近くは、「女はその性に合った仕事をすればよい」と考えているという世論調査があった。ここでいう「仕事」とは、伝統的

メキシコ市・国立芸術宮殿前に建てられた「女性虐殺反対運動」のシンボルマークとピンク色の小さな十字架群

に女性の仕事とされ、安い収入で知られる家事労働者、保育士、小学校教員、病院の看護士、秘書などをさすものと推測される。

女性を殺してもさまざまな理由で立件すらされることなく無罪放免にしてしまうメキシコの伝統的な司法慣習も問題視されている。この種の意見を述べる社会学者や心理学者の多くは、メキシコ社会で常態化しているフェミニシディオの要因を伝統的なマチスモ社会の歴史に求めている。だが一方で、「男性化された国の在り方」の歴史にその根源を求めて、フェミニシディオを「国家的犯罪」であるとする研究者もいる。彼らは、本書で何度か言及した麻薬や汚職の問題にも共通する特徴、すなわち「不当利得を得て恥じない者たち」の存在をフェミニシディオの中に見出しているといえる。

一方、格差社会メキシコでは、多くの男性も女性同様に、希望を持って生きることが難しくなっている。かたや女性たちは、国際機関が主導する男女平等へのさまざまな取り組みの進展により、社会的地位を大きく改善させてきた。その結果が、28章と29章で紹介したような女性の社会・政界進出である。学歴でも実力でも自分たちを確実に上回る女性たちが、かつては男性が占有していた分野に進出し、経済力を獲得して自由に生きる姿を見て、少なからぬ「マッチョ」たちが自尊心を傷つけられ、絶望感を味わい、憎悪を抱き、それが妻や恋人など身近な女性に対するハラスメント・DV・フェミニシディオとなって暴力的に発露するようになった――つまり経済格差・ジェンダー格差の是正をメキシコ独自の方法で解決できなかった国家の在り方が、フェミニシディオの最大の要因だというのが、先に紹介した「国家的犯罪」の主張である。

２０１０年代のフェミニシディオ急増を受けて、メキシコでは女性への暴力に抗議し、治安の改善を求めるデモがほとんど毎週どこかで行われてきた。新たに設立された全国女性虐殺反対同盟という団体が中心となって、先に紹介したチワワでの事件をシンボルとして、虐殺された女性１人につき１つのピンク色の小さな十字架を建てる運動が始まった。メキシコ市の中心部にある国立芸術宮殿の前には、写真で見るような手作りのピンク色の十字架が足元に並べられ、「女性虐殺反対運動」のランドマークとなっている。

上：メキシコ国防軍の女性兵士
下：家事を平等に分担するあるメキシコ人男性

あとがきにかえて——新型コロナ流行はアムロ政権にどのような影響を与えるか

本書の執筆に着手してから2年が過ぎてしまった。当初予定していた『メキシコ２０１８年』というタイトルは『メキシコ２０１８〜１９年』に変わり、扱う期間は２０１８年の総選挙からアムロ政権1年目にまで拡大した。アムロ大統領が掲げた「変革の政治」に強い関心を覚え、少なくとも施政1年目を見きわめたかったからである。

２０１８年7月1日の総選挙で圧勝した後に、次々と公約が実現化されていく過程は新鮮で興味深かった。大統領の給与6割削減で始まった政治家と上級官僚の「華麗なる特権」の剥奪が、司法官僚や地方政界の強い抵抗に遭いながらも、それらを軽く受け流すようにして見事に実現されてしまったことに、まず感嘆した。そしてある程度知っていたつもりのメキシコ社会の汚職体質が、あらゆるところに深く根付いているすさまじい実態が、アムロの掲げる「変革の政治」のほとんど全域に背景としてあることも改めて理解した。こうして、本書のテーマは単なる２０１８年総選挙の観察から「変革の政治」1年目の取り組みにまで広がり、刻々と変化する情勢を追い続ける過程で情報の渦に翻弄され、章立てなどの構成を幾度も変更することになった。そしてアムロ政権1年目が終わった２０１９年12月１日の大統領教書を見届けて、やっと原稿を完成させた。

この間、アムロ大統領への国民の支持率は最高83％から最低60％（以下、エル・フィナンシエロ紙の世論調査）へと低下し、公約の綻びと不具合がさまざまな問題を引き起こしてきた。しかし、国内外で「ポピュリスト」として喧伝されたアムロは、特権層に厳しく、そして困窮者救済を目指す姿勢を実直に保持する一方で、実に老獪な政治家であり、現実主義者《リアリスト》でもあることを、筆者は改めて認識した。新自由主義経済の中で成長を謳歌してきた経済界の一部と友好関係を保持する一方で、経済界と政治家を結ぶ汚職の撲滅を重要課題として高々と掲げ、特権的エリート集団を毛嫌いしながら、各分野の超エリート実力者を登用して展開するアムロの施政は、メキシコという混沌たる国家を運営するにはかなり楽観的すぎるように筆者には思えていた。しかし選挙で公約した困窮者向け福祉年金の倍増と、彷徨える貧困若年層を対象とする各種奨学金制度の拡充は「拙速」とさえ言えるスピードで実施され、ほかにも成果を評価するには相当の年数を要する数々のプロジェクトが強い反対論の中で次々と着手されている。施策に綻びが生じ、批判が声高に叫ばれても、就任1年目が終わった２０１９年12月時点のアムロ大統領は支持率72％を保持していた。

しかし、本書を書きあげた後の２０２０年に入ると、アムロ支持率は徐々に低下し、3月には就任以来最低の60％を記録した。6割が支持している一方で不支持率が37％と4割近くに上るということは、アムロ政権に対する国民の評価がほぼ二分されつつあることを示し、また筆者の周辺の中間層の多くは依然として不支持者である。しかし世界を襲った２０１９年新型コロナウイルス感染症（以下、コロナ）への対策によって、アムロ政権は国民の信頼を取り戻したようで、４月の支持率は68％へと回復した。国内外の政治評論家たちは、「アムロ政権はコロナに勝利しつつある」とさえ評価し、声援を送っている。

メキシコでのコロナ拡大は４月後半になってからであった。２０１９年末ごろに中国武漢で発生し、ヨーロッパに広がった後アメリカ大陸を襲い、メキシコで最初の感染者が発見されたのは２０２０年２月27日、イタリア旅行から帰国したメキシコ人男性がメキシコ市内の感染症専門病院に運ばれた。20日後の３月19日に初の死亡者（41歳男性）が確認されて以来、連日死者が出たものの、３月26日までの累計死亡者数は１桁であった。しかし翌27日に２桁台に入るとその10日後には累計死亡者数が３桁に急増し、４月23日には１０００人台に達した。こうして最初の死亡者が出てから２カ月目の５月18日には累計死亡者数は５０００人を超えた。**グラフ６**からは、メキシコの脆弱な医療体制と格差社会の中で、コロナが猛烈な勢いで拡大し続ける状況が読み取れる。この「あとがき」を書き上げた５月23日には、累計感染者数６万５８５６名、累計死亡者数７１７９名となった（メキシコ保健省）。

これほどの被害を出しながら、なぜ支持率は上がったのだろうか。アムロ大統領は、多くの先進諸国のリーダーたちと同様に、はじめはこの感染症の流行を軽く見ていた。３月下旬に入っても死

グラフ6　メキシコにおける新型コロナ死亡者数の推移
（2020年3月～5月）

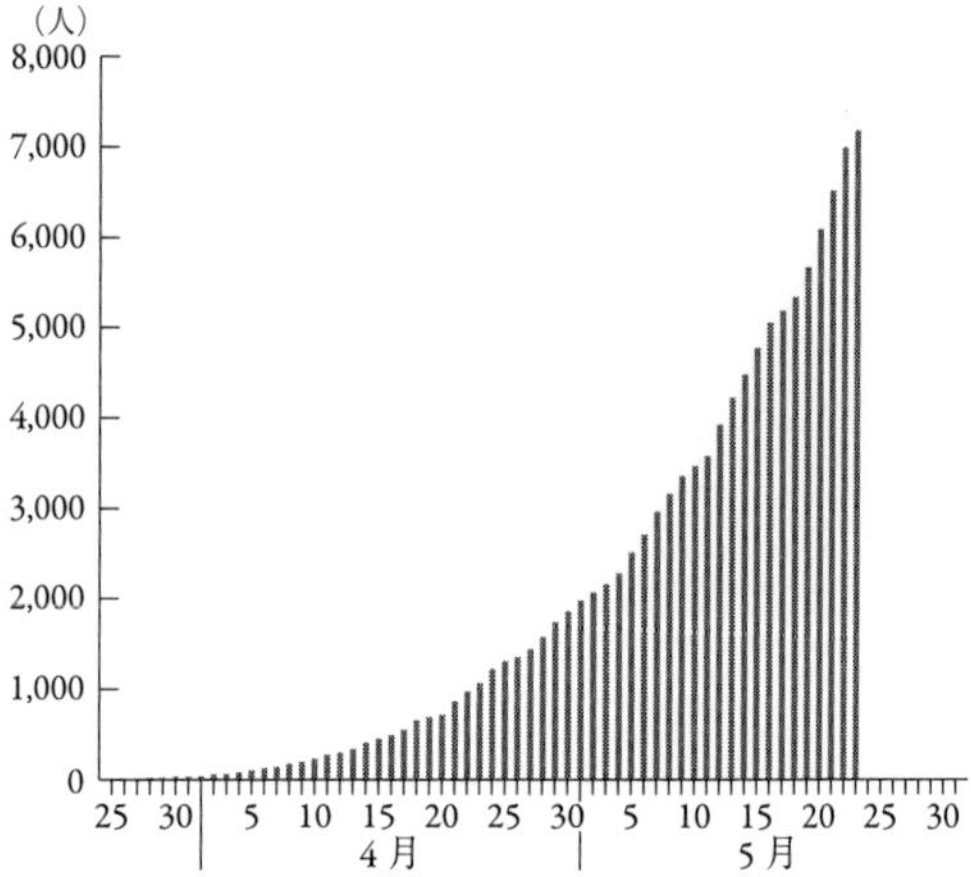

出所）メキシコ保健省データを基に筆者作成

亡者数が比較的少なく、それもすべてヨーロッパからの帰国者であったからだろう。しかし見る間に感染者数も死亡者数も増えていき、いまだ鎮静化の兆しさえ見えない。この間、国民の最大の関心事は2月までは治安問題（常に60～70％台を維持）だったのがコロナへの不安に移り、4月には56％にのぼって治安問題（10％）と逆転した。しかしこの間に政府が講じたコロナ対策も、それに呼応した市民の動向も、筆者にとっては予想を遥かに上回る「優等生」とも評価できるものであった。医療先進国を自称する日本を含む先進諸国に劣らぬ努力で、メキシコ政府も国民もコロナと闘いはじめたからである。

最初の感染者を入院隔離した直後に保健省内にコロナ対策班が設置され、3月28日から毎夕7時に定例記者会見を開き、記者団のみならず全国民に向けて、連邦政府の対策を丁寧に説明し続けている。医療崩壊を防ぐためにトリアージ政策（症状に応じて治療の優先度を決める）が早い段階で採用され、検査件数・感染者数・死亡者数はもとより、病床数と人工呼吸器の空き具合など医療現場の状況まで、国民に分かり易く情報を提供してきた。この夕方7〜8時の1時間に設定された保健省の記者会見は、朝の大統領定例記者会見を模した方法で行われ、政治家・官僚・特権階級を信用しない一般国民の多くを納得させ、関心と信頼を勝ち取ったようである。とくにこの定例記者会見を仕切る保健省予防衛生振興局次長ウーゴ・ロペス＝ガテル博士への信頼と人気は日ごとに高まった感がある。メキシコのマッチョ・タイプとは対照的な細身で清潔感あふれる好男子であるだけでなく、専門的な内容を丁寧に解説し、記者たちの質問に気さくに応じる温かい人柄と真摯な対応で、テレビやスマホごしに観る国民の心を掴んだようだ。筆者にさまざまな現地情報を送ってくれる知人の1人はアムロには終始批判的だが、ロペス＝ガテル博士に対しては好感をもっている。

同氏は感染症を専門とする医師・疫学者で、アムロ政権発足時に現在のポストに就任し、20年2月からコロナ対策班のリーダーとしてメキシコの「コロナ対策の顔」となった。メキシコ国立自治大学（UNAM）医学部卒、大学院修士課程を終えた後、感染症研究の先端を行く米国ジョンズ・ホプキンス大学で博士号（公共衛生学）を取得した研究者であると同時に、専門医として医療現場での勤務経験も有し、この間に国立感染症監視システムの構築にも関わっている。

大統領定例記者会見（11章参照）と同様に、必要に応じてさまざまな専門家を同伴して記者会見に臨むロペス＝ガテル博士は、その日の感染状況を説明し、国民の求める情報を丁寧に解説する。

5月19日は会見場に到着した同氏が席に着こうとした瞬間に、記者席から女性の声が大きく響いた。「なぜそんなにハンサムなのですか?」。あまりにも唐突な幕開けに、ロペス＝ガテル氏は「なんとおっしゃられたのですか?」と聞き返し、質問を理解すると青年のようにはにかみながら「ありがとう」と応じ、「さあ本題に入りましょう」と会場をしきった。YouTubeでも流れたこの場面にはたちまち何百件ものコメントが寄せられ、まるでアイドル扱いだった。コメントを読んでみると、「こんなに誠実な官僚や政治家をこれまで見たことがなかった」、「学識高い専門家であるだけじゃないわ。本当に誠実で、真摯に仕事に取り組んでいる」、「彼は本当に正しい」、「清潔感があってとてもハンサム」といったように肯定的なものがほとんどで、ハートマークがべたべたつけられたものも多く、思わず笑ってしまった。メキシコでもてる男性といえばマッチョ・タイプだと筆者は思っていたが、ロペス＝ガテル氏はそれとはほど遠い、細身の端正な中年男性である。この事実を筆者は初めて知り、実に新鮮な驚きだった。また彼は1969年まれの51歳だが、映像で見る限り40代前半にみえるほど若々しい。アイドル並みの人気はともかく、彼を筆頭とするコロナ対策班の適切な対策と真摯な姿勢が、アムロ政権の支持率上昇に一役買っていることは間違いないだろう。

学校についても、死亡者数がまだ0であった3月中旬の13~16日の連休中に休校措置が取られ、それが延長されて5月下旬に至っている。公立・私立・各州によって若干の差はあるが、非常に速い段階で予防対策の道筋が明示された。3月24日には経済活動の一部停止が宣言され、2日後の26

外出制限下のスーパー内の様子（2020 年 5 月 27 日，松本美里氏撮影）

日には不要不急の活動以外での在宅命令が出された。さらに4月21日にはより厳しい活動制限が課され、違反者に罰則を科す第3段階に入り、5月末まで不要不急の外出は禁止となっている。店舗も薬局や食料品・生活必需品を扱うスーパーマーケットなどを除いて営業休止となっている。大型スーパーでは世帯代表1名のみが入店を認められ、検温・消毒・マスク着用を守った上で、警備員の監視のもと社会的距離《ソーシャル・ディスタンス》を維持することが義務づけられている。

もっとも写真で見るように、店内で社会的距離（メキシコでは「健全な距離」と呼ぶ）が必ずしも守られているわけではないようだ。政府は死亡者数をごまかしているという指摘もある。メキシコ市に限ると、初期にはトイレットペーパーなど紙製品の買い占め騒動や、商店を襲う暴動なども発生したが、「手洗い・マスク・社会的距離」などの広報の浸透により国際基準の予防措置がかなり良く守られるようになった。コロナ拡大前に日本に戻った筆者にとっては、知人からのメールやインターネット上のニュースサイト、在メキシコ市日本大使館がメキシコ在住者に定期的に配信する「コロナ情報」、保健省の毎夕の定例記者会見などだけが情報源である。知人たちのほとんどは恵まれた中間層上位に属し、在宅勤務をしており、経済的不安はない。しかしネット上で断片的に読むニュースによると、商店が襲撃されたり、在宅の監禁状態のような生活の中で「夫による家庭内暴力」が急増するなど、全般的に治安がさらに悪くなっているようだ。他方で、特定の地域を牛耳る麻薬カルテルが困窮家庭に生活必需品を無償で配る様子なども報道されている。

メキシコのコロナ感染状況は、5月中旬時点で、首都メキシコ市とそれを取り囲むメキシコ州、および米国と接するバハカリフォルニア州の1都2州に感染者の4分の3が集中している。まだ地方の感染者数はそれほど多くないが、5月下旬にはおそらく全国規模に拡大しているであろう。脆弱な医療体制の中で、防護服やマスク、手袋といった医療従事者を守る備品も、ベッドや人工呼吸器などの設備も不足し、医療崩壊寸前という情報がある一方で、たとえばメキシコ市はいずれも十分な余裕があると報じている。

感染者数が大雑把な数字であることは広く知られているが、5月23日のメキシコの累計感染者数は5万8793名、死亡者数6318名、国内最多の死亡者数を出したのは首都メキシコ市で1899人であった。かなり遅れて感染が拡大したアメリカ大陸の中では、感染者数世界1位の米

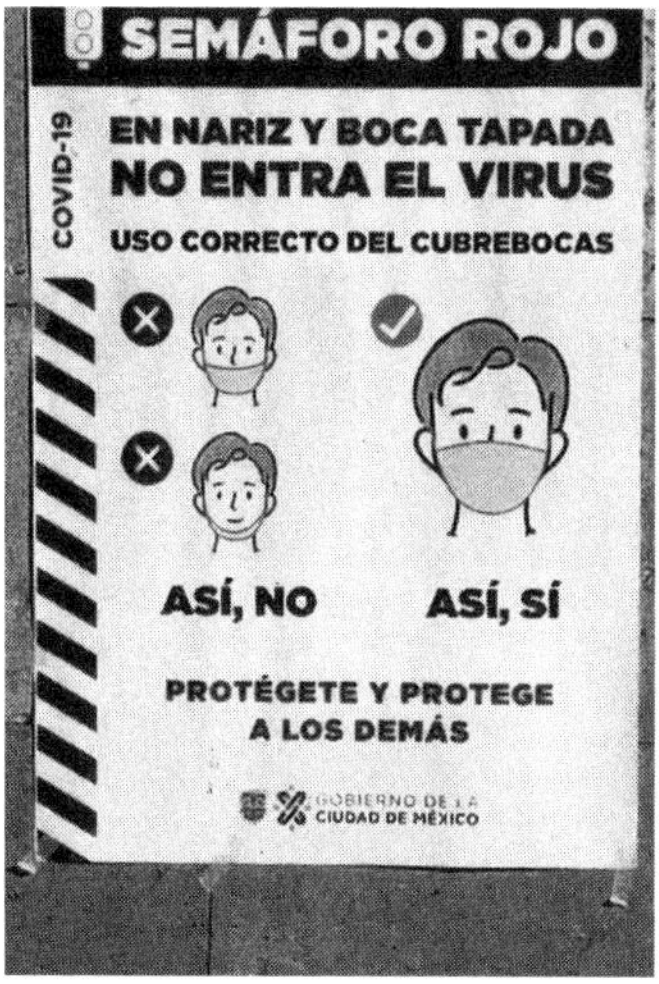

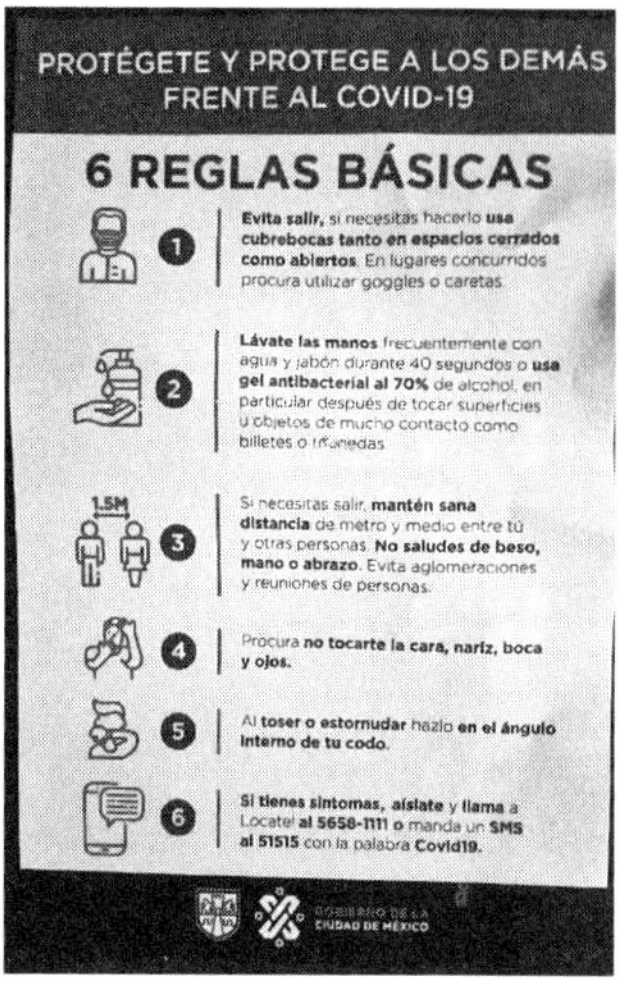

左：マスクの正しいつけ方を示すポスターがメキシコ市内には数多く貼られている
右：街中にあふれるポスター：自分を護り，他の人も護ろう，６つの原則（いずれも松本美里氏撮影）

国と2位のブラジルに比べると、メキシコはひと桁違いのレベルを保っている。ただし、少なくとも死亡者数の傾向からみる限り（前出グラフ参照）、まだ蔓延のピークさえ見通せない。アムロ政権は最大の危機に直面している。

コロナ禍のメキシコ市で暮らす中学生の自宅オンライン授業

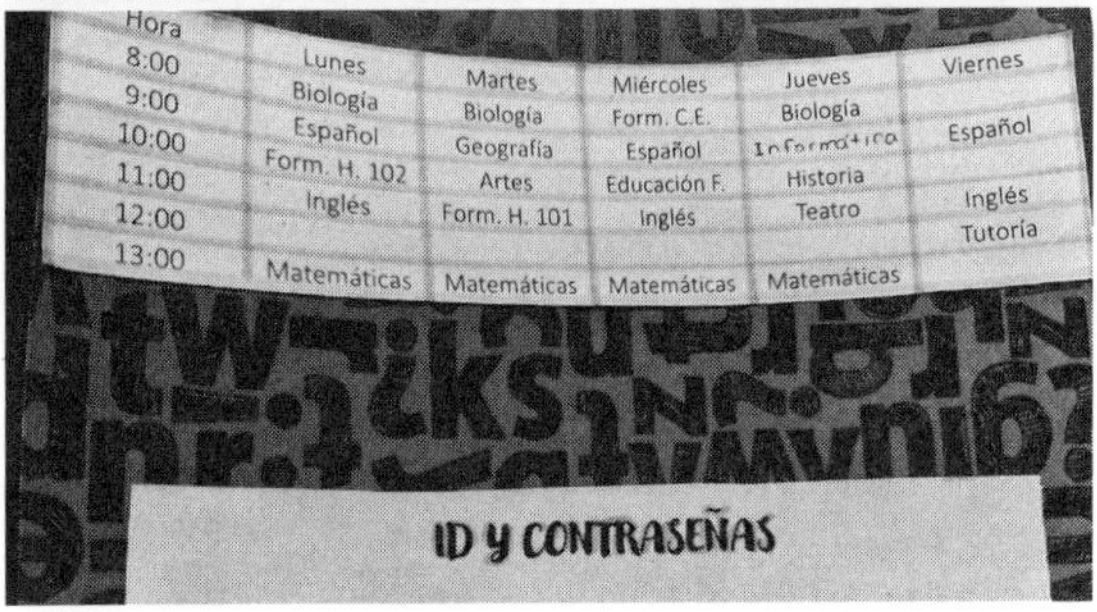

2020年3月に新型コロナの流行が始まると，メキシコ市の一部の学校では早々に休講措置がとられ，オンライン授業も素早く取り入れられた。上の写真は市内のある私立中学校1年生が自宅でオンライン授業を受ける様子，下の写真はその時間割である。時間割によると，月曜日から木曜日は午前中8時〜12時まで4限（1限40分），昼休みを挟んで午後2時まで毎日5科目を学ぶようになっている。金曜日はスペイン語（国語）と英語の2科目の授業の他は，大勢の前での話し方とかノートの取り方，また人格形成に必要な自己管理の方法などを教える授業のみである。週単位でみると，数学が4回，スペイン語（国語）・英語・生物が3回あるほか，歴史・美術・コンピューター・体育・演劇が週1回ある。体育の時間には机の上のタブレットに向かって飛び跳ねるというので，体育館での授業をオンライン化したような内容なのだろう。カトリック系学校であるため聖書を中心とした「宗教の授業」と，公教育省が義務化している道徳の授業もそれぞれ週1回ある。春休みが明けても休校のままオンライン授業に移行し，1年生の後期は全く学校に行けず，友達とも会わないまま，8月後半には2年生に進級するという。オンライン授業は，時には映像や音声が途切れるトラブルもあり，メールで送られてくる教材も大量だったが，彼女の母親の観察によれば真面目に取り組んでいるという。（松本美里氏撮影）

参考・参照文献

（邦語文献50音順、欧文文献アルファベット順）

一般参考書

石井章『多面体のメキシコ――1960年～2000年代』明文書房、2013年。

小倉英敬『メキシコ時代のトロツキー――1937～1940』新泉社、2007年。

オスター、パトリック／野田隆他訳『メキシコ人』晶文社、1992年。

北野収『南部メキシコの内発的発展とNGO』補訂版、勁草書房、2019年。

国本伊代『メキシコの歴史』新評論、2005年。

――編『現代メキシコを知るための70章』第2版、明石書店、2019年。

クラウセ、エンリケ／大垣貴志郎訳『メキシコの百年1810－1910――権力者の列伝』現代企画室、2004年。

黒田悦子『メキシコの行方――国家を超える先住民たち』勉誠出版、2013年。

田中敬一『メキシコ・ルネッサンス省察――壁画運動と野外美術学校』あるむ、2018年。

中野達司『メキシコの悲哀――大国の横暴の翳に』松籟社、2010年。

中畑貴雄『メキシコ経済の基礎知識』第2版、日本貿易振興機構、2014年。

並木芳治『メキシコ・サリナス革命――北米自由貿易協定に賭けた大統領』日本図書刊行会、1999年。

星野妙子編『メキシコの21世紀』アジア経済研究所、2019年。

ポニアトウスカ、エレナ／北條ゆかり訳『トラテロルコの夜――メキシコの一九六八年』藤原書店、2005年。

松下冽『現代メキシコの国家と政治――グローバル化と市民社会の交差から』御茶ノ水書房、2010年。

参考・参照資料

◆Ⅰ部　「未来の大国」の光と影

経済協力開発機構（OECD）“Better Life Index. 2019.”（https://www.oecd.org）

世界銀行（World Bank）“Poverty and Inequality Indicators.”（https://www.worldbank.org）

田辺厚子『亡命の文化――メキシコに避難場所を求めた人たち』サイマル出版会、１９８６年。

平和基金会（Found for Peace）“Frigile State Index.”（https://foundoforpeace.org/frigile-index-2018-annual-report/）

フリーダム・ハウス（Freedom House）“Index of Freedom in the World.”（https://freedomhouse.org/countries/freedom-world/scores）

メキシコ国立統計地理院（Instituto Nacional de Estadística y Geografía: INEGI）https:/www.inegi.org.mx

INEGI. “Cuantificando la clase media en México: Un ejercicio exploratorio: Resumen.”（https://www/inegi.org.mx/contenido /investigacion/doc/cmedia_resumen.pdf）

INEGI. “Indicadores de bienestar autoreportados de la población urbana al mes de julio de 2017.”（https://es.scribd.com/document/357452275/indicadores-de-bienestar-autoreportado-de-la-poblaci-on-urbana-al-mes-de-julio-de-2017［２０１８年３月１日閲覧］）

Credit Suisse Research Institute. “The Global Wealth Report 2015.”（https://www.credit-swisse.com/media/assets/corporate/pdf）

World Mining Data 2019. International Organizing Committee for the World Mining Congress, 2019.

◆Ⅱ部　２０１８年総選挙とアムロ政権の発足

Akerman, John M. (ed.) *El cambio democrático en México: Retos y posibilidades de la “Cuarta Transformación.”* CDMX: Siglo Veintiuno Editores, 2019.

Anaya, Martha. *1988: El año que calló el sistema*. México, D.F.: Debate, 2008.

Barberán, José. Cuauhtémoc Cárdenas, Adriana López y Jorge Zavala. *Radiofrafía del fraude: Análisis de los datos oficiales del 6 de julio*. México, D.F.: Editorial Nuestro Tiempo, 1988.

Cárdenas Solórzano, Cuauhtémoc. "6 de julio de 1988: el fraude ordenado por Miguel de la Madrid." *La Jornada*, 2 de abril de 2004.

Clouthier del Rincón, Manuel J. *Cruzada por la salvación de México*. México, D.F.: Editorial Epessa, 1987.

De la Madrid Hurtado, Miguel. *Cambio de rumbo: Testimonio de una presidencia, 1982–1988*. México, D.F.: Fondo de Cultura Económica, 2004.

Henry, James S. "The Theft of Mexico: How the 1988 Mexican Presidencial Election Was Rigged." *Submerging Markets*, May 16, 2004.（http://bloodbankers.typepad.com/recent_posts_and_pdfs/2004/05/the_theft_of_me.html［２０１９年８月１日閲覧］）

INE（Instituto Nacional Electoral）"Elecciones 2018."（https://www/ine.mx/voto-y-elecciones/elecciones-2018［２０１８年９月１日閲覧］）

López Gallardo, Jorge Alberto. *¿Fraude electral? Estudios científicos de los fraudes electorales en México*. México, D.F.: Editorial Universitario de Guadalajara, 2012.

López Obrador, Andrés Manuel. *2018 La salida: Decadencia y renacimiento de México*. CDMX: Planeta, 2017.

MORENA (Movimiento Regeneración Nacional) "Lineamientos básicos del proyecto alternativo de nación 2018–2024."（https://lopezobrador.org.mx/2016/11/20/lineamientos-basicos-del-proyecto-de-nacion-2018-2024-anuncio-amlo［２０１８年９月15日閲覧］）

Moreno, Alejandro. *El cambio electoral: Votantes, encuestas y democracia en México*. CDMX: Fondo de Cultura Económica, 2018.

Richter Morales, Ulrich. *El ciudadano republicano y la Cuarta Transformación*. CDMX: Océano, 2019.

◆Ⅲ部　アムロ政権初年度の実績と評価

Buendía & Laredo. "Encuesta nacional de opinión pública: Aprobación presidencial: Levantamiento: Del 20 al 26 de febrero de 2020."（https://www/buendiaylaredo.com/guienessomos.php［２０２０年３月５日閲覧］）

Gobierno de México. *Plan Nacional de Desarrollo: 2019–2024*. CDMX: Gobierno de México, 2019.

Guevara Ramos, Emeterio. *López, un año después: México, el gran perdedor*. HWCG Publishers, 2019.

México, Secretaría de Servicios Parlamentarios. *Presupuesto de Egresos de la Federación para el Ejercicio Ficical 2019*. CDMX, 28 de diciembre de 2018.

Parametría. "Encuesta de Parametría: ¿Quiénes eligieron a AMLO como presidente?." *Milenio*, 11 de julio de 2018.

Publimetro. "Sube 3% aprobación de AMLO en agosto."（https://www.publimetro.com.mx/mx/nacional/2019/08/30/sube-3-aprobacion-amlo-en-agosto.html［２０１９年９月15日閲覧］）

◆Ⅳ部　麻薬と暴力の犯罪社会

工藤律子『マフィア国家──メキシコ麻薬戦争を生き抜く人々』岩波書店、２０１７年。

グリロ、ヨアン／山本昭代訳『メキシコ麻薬戦争──アメリカ大陸を引き裂く「犯罪者」たちの反乱』現代企画室、２０１４年。

国連人間開発計画（UNDP）*Human Development Report*. UNDP, 2000–2019.（https://undp.org/）

国連ラテンアメリカ・カリブ経済委員会（UN CEPAL）"United Nations Surveys of Crime Trends and Operations of Criminal Justice System-CTS."（https://www.cepal.org）

馬場香織「ヘゲモニーの衰退と拡散する暴力──メキシコ麻薬紛争の新局面」（『ラテンアメリカ・レポート』vol.34–2、２０１８年）。

Boullosa, Carmen y Mike Wallcae. *Narco historia: ¿Cómo Estados Unidos y México crearon juntos la guerra contra las drogas?*

CDMX: Penguin Random House Grup Editorial, 2016.

CCSJP (Consejo Ciudadano para la Seguridad y la Justicia Penal A.C.). "En México, el campo le pertenece a los criminales." (www.seguridadjusticiaypaz.org.mx ［２０１８年５月18日閲覧］)

Dávila, Patricia. "México pasó de seis bandas de narcotráfico a 400 grupos criminales: MUCD." *Proceso* (https://www.proceso.mx/506998/mexico-oasi-seis-bandas-narcotraficas-400-grupos-criminales-mucd ［２０１９年12月10日閲覧］)

Osorno, Diego Enrique. *El cártel de Sinaloa: Una historia del uso político del narco*. CDMX: Grijalbo, 2019.

Reporters Without Borders. " World Press Freedom Ranking 2019." (https://rsf.org/en/ranking_table ［２０２０年１月10日閲覧］)

Seelke, Clare Ribando. "Mexico: Evolution of the Merida Initiative, 2007–2020." *Congressional Research Service*, Feb. 19, 2020.

SEGOB (Secretaría de Gobernación). Secretaría de Gobernación (SEGOB). Comisión Nacional de Búsqueda de Personas. *Informe sobre fosas clandestinas y registro nacional de personas desaparecidas o no localizadas*. CDMX: Secretaría de Gobernación, 2020.

◆V部　汚職大国メキシコ

世界銀行（World Bank）"The Worldwide Governance Indicators."（https://www.worldbank.org）

田辺厚子『住んでみたメキシコ――知るほどに不思議な国』サイマル出版社、１９８０年。

――――『ビバ！メキシコ』講談社現代新書、１９８３年。

トランスペアレンシー・インターナショナル（TI）"Corruption Perceptions Index."（http://www.transparency-prg/）

Ángel, Arturo. *Duarte: El priista perfecto*. México: Grijalbo, 2017.

Buscaglía, Edgardo. *Lavado de dinero y corrupción política: El arte de la delincuencia organizada internacional*. México, D. F.: Debate, 2015.
Encinas Najera, Alejandro. "El combate a la corrupción: ¿Por dónde empezar?" *Este País*, no.338, junio de 2019.
"Esconden estados a maestros jubilados: Difunden solo a 15.9% de esos trabajadores." *Reforma*, 11 de mayo de 2014.
Fuentes, Mario Luis. "Nadie se salva: Estados más corruptos de México." *Excelsior*, 15 de enero de 2019.
Le Cletq Ortega, Juan Antonio y Gerardo Rodríguez Sánchez-Lara（coordinadores）. *La impunidad subnacional en México y sus dimensiones IGI-MEX 2018*. Puebla: Fundación Universidad de las Américas, Puebla, 2018.
Moreno, Martín. *El derrumbe: Retrato de un México fallido*. CDMC, 2016.
Nucci Gonzales, Hilda, Ernesto Villanuevo Villanuevo. *Beneficios expresidenciales*. México, D.F.: Themis, 2012.
Paxman, Andrew（ed.）. *Los gobernadores: caciques del pasado y del presente*. CDMC: Grijalbo, 2018.
Peschard, Jacqueline. *Transparencia: Promesas y deafíos*. CDMX: El Colegio de México y Universidad Nacional Autónoma de México, 2017.
Riding, Alan. *Distant Neighbors: A Portrait of the Mexicans*. New York: Alfred A. Knof, Inc., 1984.
Ruis, Ramón Eduardo. *Mexico: Why a Few are Rich and the People Poor*. Berkeley, Calif.：University of California Press, 2010.
The Economist Intelligence Unit. "Democrcy Index 2018."（https://www.eiu.com/topic/democracy-index［２０１９年12月10日閲覧］）

◆Ⅵ部 女性をとりまくメキシコ社会の変容

国本伊代「メキシコ――男女平等社会の構築を目指す21世紀」（国本伊代編『ラテンアメリカ21世紀の社会と女性』新評論、２０１５年）。

――――『メキシコ革命とカトリック教会――近代国家形成過程における国家と宗教の対立と宥和』中央

大学出版部、２００９年。

国連ラテンアメリカ・カリブ経済委員会（UN CEPAL）https://www.cepal.org

UN CEPAL. “Observatorio de Igualdad de Género de América Latina y el Caribe.”

世界経済フォーラム（World Economic Forum）“Global Gender Gap Report.”（https://www.weforum,org/）

松久玲子『メキシコ近代公教育におけるジェンダー・ポリティクス』行路社、２０１２年。

列国議会同盟（Inter-Parliament Union: IPU）“Global Database of Quotas for Women.”（https://www.quotaproject.org/）

INMUJERES（Instituto Nacional de las Mujeres）“Presuntos delitos de feminicidio: Tendencia nacional enero 2015–diciembre 2018.”（https://www.actualidad.rt.com/acrualidd/306053-drasticas-cifras-feminicidios-mexico［２０１９年３月８日閲覧］）

INEGI. *Mujeres y hombres en México 2019*. México: INEGI, 2019.

著者紹介

国本伊代（くにもと・いよ）

中央大学名誉教授。Ph. D.（歴史学・テキサス大学オースティン校）。博士（学術・東京大学）。歴史学・ラテンアメリカ近現代史専攻。主要著作に『ビリャとサパタ』（世界史リブレット人 75，山川出版社，2014），『メキシコ革命とカトリック教会』（中央大学出版部，2009），『メキシコ革命』（世界史リブレット 122，山川出版社，2008），『メキシコの歴史』（新評論，2002），『概説ラテンアメリカ史』（改訂新版，新評論，2001），主要編著に『現代メキシコを知るための 70 章』（第 2 版，2019），『パナマを知るための 70 章』（第 2 版，2018），『カリブ海世界を知るための 70 章』（2017），『コスタリカを知るための 60 章』（第 2 版，2016），『ドミニカ共和国を知るための 60 章』（2013，以上明石書店），『ラテンアメリカ 21 世紀の社会と女性』（新評論，2015）などがある。

メキシコ 2018〜19 年　新自由主義体制の変革に挑む政権の成立

2020 年 9 月 7 日　初版第 1 刷発行

著　者　国 本 伊 代
発行者　武 市 一 幸

発行所　株式会社 新 評 論

〒169-0051 東京都新宿区西早稲田 3-16-28
http://www.shinhyoron.co.jp

TEL 03（3202）7391
FAX 03（3202）5832
振 替 00160-1-113487

定価はカバーに表示してあります。
落丁・乱丁本はお取り替えします。

装 訂　山 田 英 春
印 刷　理 想 社
製 本　中永製本所

ISBN978-4-7948-1156-1

Printed in Japan